무용과 건강
Dance & Wellness

나경아 지음

보고사

무엇보다도 네 마음을 지켜라.
그것이 바로 복된 삶의 샘이다.
Above all else, guide your heart,
for it is the wellspring of life (Proverbs 4 : 23)

서문

　무용수들은 공연활동을 오래 지속하기 위해서, 최상의 공연능력을 발휘하기 위해서 건강을 돌보아야 한다. 반복되는 공연연습 과정에서 나는 건강한가? 내 몸은 충분한 에너지를 낼 수 있는 상태인가? 나는 어떤 상황에서도 흔들리지 않는 정신력을 발휘할 수 있는가?

　건강하게 무용을 할 수 있으려면 좀 더 합리적인 훈련방법에 대해 생각해야 한다. 무용수들의 건강(wellness)과 최고수행력(peak performance)을 이끌어 주는 운동과학적 기초트레이닝의 방법들을 적용하면 공연연습 과정을 보다 효율적으로 진행할 수 있다. 실기연습에 매진하고 있는 무용수들이 이러한 영역에 관심을 기울이게 하려면, 일반 운동학 정보를 보다 구체적으로 무용현장에 적용할 수 있는 지식으로 연결시켜야 한다.

　일상의 대부분의 시간을 연습실에서 보낼 만큼 무용수들은 열정적으로 춤을 완성시켜 나가는 과정을 즐긴다. 춤추는 활동에 에너지를 쏟는 활력적인 순간에 정서적으로도 안정감을 느낀다. 춤을 추다 보면 더 어려운 동작들을 성취하려는 열망이 점점 커진다. 때로는 아프고 힘들어도 춤추는 순간에는 모든 것을 잊고 행복을 느끼기 때문에 결코 춤추는 일을 멈출 수 없다. 무용 활동의 경험에서 얻게 되는 움직임 감각과 강인한 통제력은 무용수로 살아가는 힘을 유지시킨다. 무용수들은 일반인에 비해 강도 높은 훈련으로 단련된 우수한 체력과 정신력을 지니고 있다.

　매일 일정수준 이상의 연습량을 유지시켜야 공연에서 좋은 결과를 기대할 수 있다. 그래서 무용수들은 매일 연습을 게을리하지 않는다. 공연실력 향상을 위해 강한 연습과정을 이겨나갈 수 있다는 자신감이 있다. 대부분의 무용수들은 스스로에게 이런 말을 한다. "하루도 쉬지 않고 연습을 해야 하며, 부상이나 통증이 있어도 참을 수 있을 때까지 참아야 한다. 무용수들에게 만성적 통증은 당연한 것이 아닌가? 매일 아침 스트레칭할 때마다 온 몸이 뻐근하고 아프다. 연습하고 나서 몸이 아프다면 열심히 했다는 증거이며, 그래야만 무용 실력이 향상된다. 공연에 대한 압박감은 나 혼자의 문제이고 누구의 도움을 받을 수 있는 것이 아니다. 무용을 하면서 받는 여러 가지 스트레스는 말해도 소용이 없다. 그냥 말없이 참고 견디어나가야 한다."

비가 많이 오면 약한 축대가 무너지듯이 연습과정에 피로가 누적되면 약한 부분에 문제가 생기기 마련이다. 무용수들의 건강에 관한 가장 어려운 부분은 부상과 재활이다. 무용 활동을 하면서 뜻하지 않는 어려움에 처할 수 있다. 공연에 방해가 되는 문제가 생겼을 때, 적극적으로 대처하려는 정신적인 의지와 올바른 방향으로 연습과정을 이끌어 갈 수 있는 합리적 판단력이 필요하다. 무용 상황에 대한 이해는 공연연습 과정을 객관적으로 바라보게 한다. 운동과학 지식은 무용인들의 건강문제를 보다 합리적으로 대처하도록 길을 제시한다.

무용수 건강과 관련한 문제는 신체 과사용과 공연압박감이라는 공통성을 갖고 있다. 무용수들은 30살 이후에 체력저하가 급격히 나타난다. 기능적인 면에서도 테크닉훈련 과정에서 과사용 증후나 기능상으로 많이 사용하는 몸의 한쪽 부분에서 누적된 문제들이 연쇄적으로 나타난다. 목과 허리통증, 좌골신경통, 어깨충돌증후근, 무릎과 발목부상, 힙스내핑 등은 무용수들에게 흔한 증상이다. 자신만의 문제가 아니라 무용수들의 공통된 문제라는 것을 알면 미리 예방하거나 어려운 상황을 이겨나가는 데 도움이 된다.

무용수의 현실적 요구에 맞는 내용을 구성하기 위해 이론과 실천, 정신과 신체훈련을 통합하는 관점에서 책의 내용을 구성하였다. Ⅰ부에서 무용수의 건강에 대한 문제제기로 시작한다. 1장에서는 무용훈련을 지속하는 생활 속 건강 관련 이슈들을 다루었다. 2장은 무용수 건강관리를 위한 훈련방법 그리고 교육 프로그램에 관한 내용이다. Ⅱ부에서는 무용수의 정신력을 다룬다. 3장에서는 무용수의 정신적 특성과 수행에 필요한 심리요소를 다룬다. 4장은 무용 관련 스트레스와 공연불안에 대한 내용이다. 5장은 정신훈련 방법에 대한 내용이다. Ⅲ부는 무용수의 체력부분이다. 6장은 심혈관기능 관련 운동능력과 유산소 운동방법에 대한 내용이다. 7장은 근력과 근력운동이다. 8장은 유연성과 스트레칭운동이다. 9장은 신체구성, 10장은 영양섭취로 구성되었다.

각 장은 무용수의 건강한 훈련에 대한 질문으로 시작해서 답을 찾는 내용으로 구성된다. 각 장 마지막에는 본문내용을 다시 적용해 보는 마무리 질문을 던졌다. 이 질문에 대한 답은 독자들이 각자 현장에서 실천해 보면서 찾기 바란다. 책에 실린 경험지식을 무용현장에서 실험해 보기 바란다. 그리고 보다 건강하게 오래 춤출 수 있는 각자의 답을 찾게 되길 바란다.

공연예술 분야에서 자신의 미래를 위해 달리는 무용전공자들과의 만남은 늘 도전적 숙제를 안겨다 주었고 그들을 통해 많은 현장지식을 선물 받았다. 이 책에는 가르쳤던 학생들에게 받은 소중한 선물들이 담겨있다. 그들의 연습이 헛되지 않기를 바라는 마음으로 그들의 아름답고 강인한 신체가 더욱 건강해지고 빛을 발하기를 바라는 마음으로 책을 썼다.

최근 무용공연 뿐 아니라 뮤지컬 등 공연예술 분야에서 신체사용이 급증하고 있으며, 극단적 신체동작 실험들이 점차 더 높은 난이도의 신체활동을 요구한다. 배우나 가수들도 몸을 통한 표현 강도가 높아지고 있다. 악기를 연주하는 음악가들의 경우에도 특정한 동작을 반복하는 신체 과사용의 문제를 안고 있다. 또한 공연예술의 특성상 다른 사람들 앞에서 자신의 존재가 평가된다는 압박감이 크다. 이러한 관점에서 이 책이 공연예술 분야의 독자들에게도 활용되기 바란다.

차례

서문 / 5

Ⅰ. 무용수의 건강관리 … 11

　　1장 건강과 생활 ………………………………………… 14
　　2장 건강관리 프로그램 ………………………………… 24

Ⅱ. 무용수의 정신력 … 41

　　3장 정신적 특성 ………………………………………… 46
　　4장 무용불안 …………………………………………… 63
　　5장 정신훈련 …………………………………………… 69

Ⅲ. 무용수의 체력 … 83

　　6장　심폐지구력 ………………………………………… 89
　　7장　근력 ………………………………………………… 98
　　8장　유연성 …………………………………………… 121
　　9장　신체구성 ………………………………………… 144
　　10장 영양섭취 ………………………………………… 149

참고문헌 / 159

Ⅰ 무용수의 건강관리

1장 건강과 생활

2장 건강관리 프로그램

나는 건강한가?
나는 건강한 생활습관을 지니고 있는가?
평소 건강관리를 위해 어떤 노력을 하는가?

　　무용수는 무대 위에서 전혀 힘들이지 않고 어려운 동작테크닉을 보일 수 있다. 어려운 동작기술과 섬세한 근 신경 조절을 통한 표현력은 오랜 시간 강도 높은 훈련의 결과이다. 무용수의 신체활동량은 일반인들에 비해 월등히 많다. 전문무용수의 경우 하루 평균 3-4시간 이상 연습을 한다. 신체활동의 강도는 육상선수, 풋볼이나 레슬링에 비할 수 있을 정도이다. 또한 무용수들은 사람 앞에서 자신의 존재를 춤으로 평가받는다는 심리적 압박감을 이겨나간다. 무대 위에 선 무용수가 빛나는 것은 오랜 훈련을 잘 견디어냈기 때문이다. 관객들은 이들의 신체-정신력에 감동받고 압도된다.

　　무용수의 일상은 발전적인 동작기술 성취와 표현력 향상을 위한 연습과 공연에 맞춰진다. 공연연습 스케줄에 맞춰 지내다 보면 자신이 지금 당장 아프고 다쳐도 몸을 돌보는 일을 미루게 되는 상황이 발생한다. 하루 대부분의 활동시간 동안 연습, 리허설, 공연을 이어가다 보면 신체-정신적 에너지 고갈의 상태에 이르기 쉽다. 무용수의 건강에 대한 문제는 공연 활동과 과훈련의 특수한 상황 속에서 이해되어야 한다.

1장 건강과 생활

건강이란 무엇인가? 질병이나 부상이 없이 전반적으로 좋은 컨디션을 의미한다. 이는 성, 연령, 가족력 등 자신의 의사와 상관없이 어느 정도는 타고난 부분에 의해 결정된다. 그러나 최적화된 건강과 활력을 유지하기 위해서는 평생에 걸친 행동습관이 중요하다. 연령이나 가족력 등 결정적으로 변화될 수 없는 부분이 있더라도, 운동하고 건강하게 먹는 것은 스스로 조절할 수 있다. 생활의 활력을 유지하기 위해 평생에 걸친 행동습관을 길러나간다. 균형 잡힌 식사를 하고, 적절한 운동을 하고, 정기적으로 검사받으면 건강을 유지하는 데 도움이 된다.

미국 질병관리 예방센터, 2005년 자료를 보면 미국사람들의 사망 원인은 담배, 비만, 알코올 등의 순으로 나타났다. 미국 건강통계 국립기관 2011년(National Center for Health statistics) 자료를 보면 사망원인 1위 심장병, 2위 암, 뇌졸중, 우발적 사고이다. 이에 영향을 준 생활방식 요인은 식이조절, 비활동성, 담배, 지나친 음주로 나타났다. 한국인들의 사망원인 1위인 암의 경우에는 국립암센터의 조사에 따르면 만성감염(20.1%)에 의한 발생이 제일 높다. 다음으로 흡연으로 인한 암(11.9%)이다. 2위인 심장질환과 3위 뇌혈관질환은 모두 혈관질환 문제이다. 이는 생활습관이 서구화되면서 증가된 고혈압, 당뇨, 고지혈증 등과 관련된다. 물론 암과 같은 경우에 유전적 발병을 고려한다. 그러나 유전적으로 나쁜 요인이 있다 하더라도 건강한 행동습관은 유전적 요인을 억제하고 건강한 방향으로 변화시켜준다.

삶을 살아가다 보면 뜻하지 않은 어려움을 만날 수 있다. 이는 한 개인의 문제의 차원일 수도 있지만 자연 재해나 안전사고처럼 사회적 재난일 수도 있다. 한 개인의 문제는 공동체의 문제이며, 사회적 문제는 개인의 삶과 연관된다. 그래서 진정한 의미의 건강(wellness)은 복지의 관점에서 다룬다. 사회가 추구하는 목표에 의해 개인의 삶의 질이 결정되고 개개인의 살아가는 방식에 의해 국가와 사회의 건강이 유지된다. 한 개인이 질병이나 사고를 당했다 해도 속해 있는 공동체 속에서 의미 있는 생활을 추구하며 살아갈 수 있다면 동일한 상황에서도 삶의 질은 달라진다. 따라서 웰니스는 육체적인 건강뿐 아니라 자신이 추구할 수 있는 여러가지 영역에 대해서 긍정적인 관점을 유지할 수 있는 것이다. 다른 사람들과의 좋은 관계를 유지하고, 인생의 새로운 도전을 시도하면서 어떤 상황속에서도 자신의 삶을 조화롭게 성숙시킬 수 있다.

　무용수들이 추구하는 웰니스는 질병이나 부상 없이 좋은 컨디션으로 무용 활동을 할 수 있는 것이며, 관련한 위험 요소를 예방하기 위해 훈련과정에서 의식적인 노력을 기울이는 모든 활동을 포함한다. 무용수들은 직업적 특성상 신체 과사용으로 나타나는 부상의 문제로부터 자유로울 수 없다. 야구투수들은 어깨부상, 피겨스케이터들은 발목부상을 경험하지 않을 수 없는 것과 같다. 특정한 신체부분을 과사용하여 나타나는 문제는 피할 수 없기 때문에 얼마나 잘 관리하느냐가 성과를 좌우한다.

　운동선수들의 경우 무리한 일정으로 경기를 하다가 한계에 부딪히게 된다. 경기일정 때문에 서둘러 복귀하느라 충분한 재활을 하지 못하면 더욱 심각한 부상을 당한다. 이런 과정 속에서 슬럼프에 빠지게 된다. 정신력이 강한 선수들은 슬럼프를 딛고 다시 신화를 써나가기도 한다. 그들의 복귀 배후에는 피나는 재활과정이 있다. 그 기간 동안 자신의 취약점을 보완하고 한계를 극복하는 방법을 터득하게 된다. 중단된 선수활동 시간동안 새로운 전진을 위한 준비를 하면서 이겨낸다. 이때 주변의 도움과 개인의 의지가 필요하다. 상황에 따른 부상의 특수성

웰니스 영역					
육체	정서	지성	관계	영적	환경적
균형적 식단	낙천적	열린 사고	의사소통	사랑역량	자연자원 활용
웨이트트레이닝	신념	문제제기	친화력	동정심	자원 재활용
유산소 운동	자기평가	새기술 습득	원만한 관계	용서	공해방지
운동	자기존중	유머감각	지지기반	이타주의	친환경
나쁜 습관 피함	자기확신	창의성		기쁨	
질병징후 인식	정서표현	호기심		만족	
정기검진	정서수용	평생학습		타인 돌봄	
부상대비				의미부여	
				초월적 감각	

을 이해하고 체계적 치료를 해주는 전문 의료진의 도움을 받아야 하며, 개인은 자발적이고 합리적인 사고방식으로 대처해야 한다.

무용수들의 건강에 대한 이슈들은 무용 환경의 특수성과 평소 무용생활에서 나타나는 행동습관에서 비롯된다. 무용수는 마른 몸을 유지해야 한다. 공연시즌마다 다이어트를 반복해야 한다. 늦은 시간까지 이어지는 연습으로 인해 피곤하다. 과각성 상태로 인한 수면장애 문제를 겪는다. 매일 연습강도를 유지시켜야한다. 무대에서 더 나은 실력을 보여줘야 한다는 압박감을 느낀다. 공연준비를 위해 단체 활동 일정에 맞춰 살아야 한다. 자신의 의사를 적극적으로 표현할 기회가 부족하다. 따라서 평소의 삶의 특징들을 살펴보고, 의지적으로 조절할 수 있는 부분을 노력해야 한다. 무용에 도움이 되는 것(+)은 무엇인가? 방해되는 것(–)이 무엇인가? 생각해본다.

무용수들은 몸에 대한 자신의 주관적 경험과 느낌에 많이 의존한다. 무용의 특수성을 이해하는 의료진의 도움을 받을 수 없거나 만성적으로 따라다니는 증상들은 스스로 대처할 수밖에 없다. 그래서 무용수들은 자신의 몸은 자신이 가장 잘 안다는 생각을 하게 된다. 그러나 자신만의 방식으로 대처하다 보면 어느 한순간에 심각한 부상의 문제나 슬럼프와 같은 어려움에 처할 수 있다.

웰니스 조절	
도움(+)	**방해(–)**
균형있는 영양	영양결핍
웨이트 트레이닝	체력고갈
즐거움, 자신감, 의욕	부담감, 우울, 무력
현실적인 목표	비현실적, 부정적 생각
믿음, 신앙	부상에 대해 소홀한 생각
원하는 춤 스타일	징크스, 미신
훈련 친구	과중한 연습일정과 불충분한 휴식
	음주, 흡연

　　무용연습 상황의 특수성을 이해하고 대처방법을 고려해야 한다. 첫째, 무용의 장르와 스타일에 따라 과사용(overuse)의 양상이 다르다. 한국무용의 경우는 굴신으로 인한 무릎 통증이 흔한 편이며, 발레는 토월으로 인해 발부분에 부상이 많이 나타난다. 따라서 특정 장르의 필수적 신체훈련 패턴을 근거로 신체적 증상을 이해해야 한다. 일반적 신체 사용범위를 넘어서는 강도 높은 훈련으로 인한 문제는 부상에 이르기 전에 정확한 진단을 받기 어려운 경우도 있다. 또한 동일한 자극에 대한 저항력이 개인에 따라 다르기 때문에 개별 역량을 고려해야 한다.

　　둘째, 개인적 공연목표 수준에 따라 고려되어야 한다. 무용을 취미활동으로 하는 경우라면 부상과 통증이 있을 때, 충분한 휴식을 갖는 것이 좋다. 그러나 전문무용가라면 근골격계 손상을 피할 수 있는 범위 안에서 통증을 적극적으로 이겨나가야 한다. 재활의 목표도 일상적 움직임을 초과하는 기능을 고려해서 판단한다. 특히 무용수의 수술은 재활목표 기능을 고려해서 신중하게 결정해야 한다.

　　셋째, 무용공연활동이 공동적 연습과 공연준비 과정을 포함한다는 점이다. 근골격계의 손상을 입으면 무조건 "쉬어야 한다"라는 의사의 진단을 받는다. 일반적인 치료의 관점에서는 쉬어서 구조적인 변형이나 염증반응을 줄여나가는 것이 최선의 대책이다. 그러나 무용수는 연습을 쉴 수 없다. 쉬게 되면 동작수행능력이 감퇴되는 것도 문제가 되지만 공동 작업으로 진행되는 연습과 공연일정에 맞춰야 하기 때문이다. 춤추는 시간 외에는 따로 여가활동을 즐기기도 어렵다. 무용수로 살아가는 동안 동료들과 함께 연습량을 유지해야 하므로, 최소한의 휴식과 여가생활도 공동의 훈련과정에 맞춰져야 한다.

무용수 웰니스 이슈		
생활	**신체**	**정서**
불면증	과훈련	무대불안
다이어트	부상	완벽주의
식이장애	마른 비만	과잉통제

1. 과훈련

최고의 무용가가 되기 위해 하루에 몇 시간, 일주일에 몇 번을 연습해야 하는가? 춤을 훈련하는 것은 신체 전체를 통제할 수 있도록 일련의 정신적 변화의 과정을 거쳐 동작기술 조정능력을 얻게 되는 것이다. 무용수의 신체조절력은 반복적인 자극과 반응을 통해 뇌와 신경체계의 발달로 이뤄진다. 따라서 반복적 과훈련(overtraining)이 필수적이다. 무용수들은 신체 강화를 위해서 연습의 강도를 높여야 하기 때문에 신체 과사용(overuse)은 일상이다. 과훈련으로 인한 증후는 무리한 훈련으로 인해 나타난 만성적 공연력 저하, 훈련능력 저하를 제대로 돌보지 않아 발생한 몸 상태이다(미국 스포츠 의학협회). 지나친 훈련으로 인해 나타나는 정신적, 육체적 복합적 증후이며, 신체훈련 과정에서 과훈련 증후군이 나타날 수밖에 없다(옥스포드 스포츠사전).

무용수에게 과훈련은 필요한가? 무용수의 최적의 훈련과 과훈련의 차이는 무엇인가? 과훈련으로 인해 나타나는 문제는 무엇이며, 어떻게 극복해야 하나? 과훈련을 피하면서 최적의 훈련을 할 수 있는 방법은 무엇인가? 과훈련을 하게 되면 생리적 측면에서 젖산이 쌓이고, 혈당이 낮아진다. 스트레스 호르몬이 지속적으로 분비

과훈련		
과훈련 증상	과훈련 원인	극복방법
공연력 저하	호르몬 분비의 변화	휴식
만성피로	면역체계의 손상	영양섭취
우울감	글리코겐 고갈	일정관리
식욕부진	근골격계의 상처와 염증	체력보강
불면증	승부욕	자기인식력
감정의 기복	주변의 기대	협력관계
경쟁에 대한 두려움	현실성 없는 목표	
부상	심리적 부담감	
생리불순		
의욕상실		
집중력 상실		

되면 면역력 저하 등 문제가 발생한다. 과훈련으로 인해 발생할 수 있는 부정적인 측면은 부상, 통증, 스트레스, 영양부족, 탈진 등이다. 이러한 문제들을 장기간 방치하면 원인을 쉽게 찾아낼 수 없게 공연능력이 떨어지는 슬럼프에 빠진다.

과훈련 문제들을 극복하는 노력은 연습과정에서 개인적 차원과 훈련 공동체적 차원에서 고려되어야 한다. 첫째, 연습강도를 효율적으로 안배하는 것이다. 연습시간 사이에 휴식을 고려해야 한다. 스포츠 선수들이나 미국의 무용과 대학들은 주로 오전에 연습일정을 두고 오후에는 체력훈련이나 보완적 연습을 한다. 부상은 피로가 쌓이는 저녁시간 이후에 많이 발생한다. 공연이 있는 날에는 하루의 에너지를 공연이 진행되는 저녁에 집중하도록 리허설 일정을 계획해야한다. 공연 리허설에 에너지를 과다하게 소모하지 않도록 일정을 조정해야 한다.

둘째, 동작기술에서는 턴아웃 등 관절 유연성에 대한 요구가 크다. 관절에 지속적인 압박이 부정적 신체 문제들을 야기한다. 발목과 무릎관절의 문제, 스트레스 골절, 무지외반증, 관절 사이의 구조적 문제로 스냅핑 현상이 나타난다. 어깨와 고관절이 자유롭게 열려야 표현적 영역이 확장되므로 이런 움직임을 지탱해줄 근력과 유연성 운동을 훈련과정에 포함시켜야 한다. 또한 장시간 진행되는 연습, 리허설, 공연준비 시간에 지치지 않고 체력이 유지되기 위해 지구력을 향상시켜야 한다. 이를 위한 유산소운동 역시 일상생활 속에 포함시켜야 한다. 그리고 연습량을 고려하여 충분한 영양섭취를 하고 스트레스 문제를 적극적이고 긍정적으로 처리해야 한다.

2. 부상

무용수들은 신체적 한계를 뛰어넘으면서 기량을 향상시키게 된다. 자신의 몸의 한계를 넘어서는 특정한 동작기교를 반복 연습하면 신체의 관절 특히 허리, 무릎, 발목 등 하체관절에 압박이 지속된다. 하반신과 관절에 상당히 무리를 주는 과격한 신체활동과 과사용으로 인해 만성적 통증과 스트레스 골절의 위험이 높다. 무용수들의 연습량은 스포츠 분야 선수들의 연습량 이상이다. 그러나 여성무용수들은 무대 위에서 길고 가는 선을 보여줘야 한다는 이유로 마른 체형을 선호하고 있어 기초체력 운동에 대한 회피동기가 나타난다. 신체지구력 및 피로에 대한 저항력, 근력은 낮으면 부상 발생률은 높아진다.

스웨덴 왕립발레단 무용수의 95%는 부상경험을 가지고 있으며, 평균 3.8번의 부상을 경험한다(Nilsson, 2001). 뉴욕시티 무용단의 발레무용수는 한해 평균 2.44번, 현대무용수는 2.62번의 부상을 경험하였다(Liederbach, 2008). 미국 무용전공 대학생의 80%는 부상을 경험한다(Russell, Wang, 2012). 무용수들은 하루 중 저녁(68%), 시즌 말(75%)에 부상률이 가장 높은 것으로 나타났다. 피곤이 누적된 시기에 부상빈도가 높게 나타나는 것을 알 수 있다. 발레와 현대무용 무용수들의 부상빈도는 발목이 가장 높고 이어 척추, 골반 순으로 나타났다(Liederbach, 2008).

무용인의 과도한 신체사용은 일반적 기준으로는 판단하기 어려운 부분이 있다. 병원에 찾아가도 쉬라는 말만 들을 뿐이다. 하루라도 연습을 쉴 수 없는 무용수로서는 의사들의 진단을 따르기 어려운 경우도 있다. 그래서 자기 몸에 대한 문제를 스스로 처리하는 경향이 나타난다. 무용인의 건강문제는 일반적인 치료의 관점과는 다르다. 정상적 움직임 범위를 벗어나는 동작기술과 개인적 성취요구에 따르는 특수성이 있다.

무용수들은 부상이 발생하였을 때, 66%는 통증이 있음에도 불구하고 계속 무용 활동을 하며, 78%가 병원을 찾아가지 않았다. 무용수들의 54%가 건강관리 및 의사에 대한 부정적 경험을 하였다. 그 이유로는 의사가 무용수를 이해 못한다(80%), 도움이 안 되는 조언을 한다(43%), 충분한 시간을 할애하지 않았다(33%), 순으로 답했다. 부상 시 찾게 되는 대상은 지도자(65%), 의사(51%), 물리치료사(42%)의 순으로 나타났다. 방문 후 긍정적 경험을 한 비율은 물리치료사(67%), 지도자(57%), 의사(45%) 순으로 나타났다(Russell, Wang, 2012).

부상은 신체에 과한 자극으로 인한 근골격계 손상이다. 연습훈련의 강도, 연습실 바닥의 상태에서 영향을 받는다. 무리한 자극이 반복되어 외상을 입거나, 근골격계의 변형이 나타나고 염증, 통증, 조직 파열이 진행된다.

상해유형은 갑자기 뼈가 부러지거나 금이 가는 등 외력에 의해 손상을 입는 급성손상(acute injury)과 오랫동안 반복적인 동작을 해서 발생되는 만성손상(chronic

무용수 신체증상		
근골격계	골격	골절 염좌(삠) 인대 파열
	근육	좌상(멍) 근막통(담) 건손상-염증, 파열
신체부위	척추	척추분리증 디스크
	어깨	어깨충돌증후근
	골반	발음성고관절(snapping) 좌골신경통
	무릎	연골연화증 반월상연골파열 십자인대파열
	정강이	경비골스트레스 골절
	발	발목염좌 아킬레스건염, 파열 족저근막염 무지외반

injury)으로 구분된다. 해부학적 구조에 따라 골격, 관절연골, 인대, 근육, 신경, 피부에 상해가 나타난다. 급성상해 유형은 골절, 골막의 타박상, 관절의 연골의 손상, 탈구나 아탈구, 인대의 염좌나 파열, 근육파열, 타박상, 경련, 급성 구획증후근, 화골성 근염, 건의 파열, 점액낭염, 신경손상, 피부열상, 찰과상, 자상 등이다. 과사용 상해 유형은 피로골절, 골염, 연골질환, 골관절염, 인대염증, 만성구획증후군, 근육통, 국소조직 비후, 건염 등이다(이현욱 외, 2002). 과도한 훈련으로 척추 측만증, 편평등, 무릎 각도의 차이, 후천적 평발, 제2중족골 피로골절 등 신체의 구조적 이상이 나타난다. 무용수에게 흔히 나타나는 만성손상의 치료를 위해 신체 상태를 점검하고 유연성과 근력들을 키워나가야 한다(이경태, 1999).

무용 활동에 가장 방해를 받는 것은 통증과 부상이다. 무용 스트레스의 원인이 되기도 한다. 무용수들은 부상치료나 재활의 과정에서 자신이 영원히 무대에 설 수 없을 것 같은 절망감을 경험한다. 또한 아프거나 다치더라도 공연일정에 빠지기 어렵기 때문에 부상을 숨기거나 적극적으로 대처하지 못한다. 이렇게 방치하면 실제로 근골격계 기능이 악화되는 문제뿐 아니라 중추신경을 통해 전달되는 근육조정 능력이나, 운동감각 기능에 문제가 생긴다. 무용수는 만성부상의 치명적 결과와 재활과정의 중요성을 알고 합리적인 대처해야 한다. 자신의 부상 전력을 정확히 파악하고 전문적 도움을 요청해야 한다.

모든 문제가 그렇듯이 부상은 초기 대처가 중요하다. 급성상해의 초기 치료는 종창을 감소시키는 일이다. 종창은 손상부위를 압박하며 통증을 유발한다. 또한 신경근육계에 억제작용으로 근수축력을 약화시킨다. 손상 초기에 종창을 조절하면 재활을 위한 시간이 단축된다. 급성으로 부상을 당하게 되면 응급대처를 해야 한다. 먼저 손상부위를 고정시키고 R. I. C. E. 원칙(Rest, Ice, Compression, Elevation)에 따라 휴식을 취하고 냉찜질을 하고, 압박붕대로 감고 다친 부분을 심장보다 높여준다. 다친 쪽으로 무게가 실리지 않도록 해야 한다. 냉 치료는 보통 부상 후 2-3일 (72시간) 이내 적용하며, 염증이나 부종 지속 시 증상이 사라질 때까지 지속적으로 조직에 적용한다. 냉매를 15-20분 정도 실시한다.

온 치료는 급성기 이후 부상 부위에 통증 완화와 조직 이완을 목적으로 적용한다. 핫팩, 전기치료, 파라핀 등 온열기를 20-30분 내외로 조직에 적용시킨다. 혈액순환과 신진대사를 원활하게 하기 위해 급성기를 지나면 열치료, 전기 자극, 초음파치료 등 물리치료를 받는다. 일정기간 동안 고정시켜서 부종과 열감이 사라지고 안정되면 재활운동에 들어간다. 안정 및 고정시켜서 2차적 부상을 방지하는 것이 중요하다. 테이핑이나 물리치료 등을 실시한다. 근육의 방향을 따라서 적용시키며, 과도한 압박감을 느끼지 않도록 주의한다. 상해 부위를 고정시켜서 활동의 안정성을 주며, 근육의 효율적 움직임을 지지해 준다. 적절한 재활치료는 부상 이후 조기에 무용 활동에 복귀할 수 있는 기반이 되며, 신경근 협응성을 증대시켜 준다(이경태, 1995, 이현욱, 2002).

초기치료 이후에는 운동치료를 통해 유연성과 근력을 키워야 한다. 한 번 늘어난 인대는 부기가 가라앉아도 내부 인대가 늘어진 상태가 되므로 주변 근육의 힘을 강화시키는 훈련을 꾸준히 해야 한다. 보완적 운동으로 필라테스, 스트레칭 등 골격근의 구조를 바르게 하고 근육균형을 맞추는 컨디셔닝 기법들을 꾸준히 하는 것이 도움이 된다. 무용수들의 에너지가 고갈되고 피곤한 상태가 되는 저녁시간에 부상률이 높다. 공연시간이 저녁이다 보니 저녁시간에 연습하는 경우가 많은데 특히 체력고갈이 이뤄지지 않도록 주의한다. 연습실의 바닥 상태를 점검하고, 몸의 소리에 귀 기울인다. 무용수들은 부상이나 재활과정에서 무조건 쉴 수는 없다. 근육이 무력해지거나 운동감각 능력이 둔감해지지 않도록 상황에 맞는 운동과 휴식을 고려해야 한다.

마무리 질문

▷ 무용건강이란?

▷ 무용건강에 방해 요인은 무엇인가?

▷ 무용수에게 과훈련은 어떤 의미인가?

▷ 무용부상은 어떻게 대처해야 하는가?

2장 건강관리 프로그램

얼마나 자주 활력과 즐거움을 느끼나? 혹은 기력이 없고 우울한가? 무엇 때문에 그런가? 어떻게 하면 연습시간에 피곤을 느끼지 않고 활력적인 생활을 할 수 있을까? 건강한 무용수가 되기 위해 자신의 행동 변화를 위한 관리계획을 세워보았는가? 동작연습을 보강해 줄 수 있는 훈련법에는 어떤 것이 있을까?

평소 습관적인 행동과 생각들이 공연연습에 도움이 되는지 점검해 본다. 실기연습을 하는 과정에서 잠깐의 시간을 내서 스스로 생각해보는 시간을 가져본다. 자신의 신체-정신적 상태를 파악하기 위해 과학적 지식이 도움이 된다. 과학적 지식은 자신이 필요한 것이 무엇인지 그리고 그 효과가 어떤 것인지 예측하게 해준다.

정신력과 체력 테스트는 '춤추는 내 몸과 마음 상태'에 대한 자각을 높여준다. 기능해부학은 신체정렬상의 문제점이나 부상의 원인을 이해하게 한다. 또한 무용동작을 기능적으로 바르게 하는 방법을 알려준다. 신체구성은 건강한 몸 상태를 알려준다. 체질량지수(BMI)를 계산해 보고, 근육량과 체지방량을 측정하고, 식사일지를 작성해 보면 건강한 식사습관에 대한 중요성을 알게 된다.

건강한 무용생활을 이끌어 가기 위해서 정신적 기술이 중요하다. 체력강화 운동에서도 운동반응 신경자극을 위해 정신력이 필요하다. 마음을 조절해 주는 심상, 루틴개발, 자화의 기술도 훈련을 통해 발전시켜 나갈 수 있다. 과훈련 증후를 이해하면 적절한 '휴식'의 중요성을 알게 된다.

이러한 과정은 연습의 효율성과 일상의 즐거움을 누릴 수 있도록 준비하는 것이다. 또한 움직임에 대한 체계적인 지식들을 활용하여 나에게 필요한 훈련방법들을 연습과정에 포함시켜 본다. 자신의 무용 수행능력을 최상의 조건으로 만들고, 보다 건강하게 살아가기 위해 건강한 행동변화를 시도한다. 문제가 되는 행동들을 파악하고 이와 관련한 정보를 얻어야 한다. 우선 변화를 위해 선택된 사소한 행동들을 정해서 실천해 본다. 패스트푸드 절제하기, 커피 줄이기, 도시락 준비해서 연습 중간에 챙겨먹기, 물병 가지고 다니기, 3분간 양치하기 등 작은 것부터 실천하여 점차 큰 목표를 계획하여 성취해 나간다. 특정한 행동이 나의 건강에 어떠한 영향을 미치는가? 특정한 행동이 어떤 위험을 주는가? 건강에 어떤 변화를 기대하는가?

긍정적인 행동을 지속하도록 스스로 동기 부여하는 방법을 찾는다. 안 좋은 습관을 지속하고 있지 않은가? 평소 자신의 생활 속에서 반복적으로 하고 있는 행동들의 장단점을 비교해 보면서 스스로 행동방향을 조절한다. 예를 들어 패스트푸드를 섭취하면 단기적으로는 불균형적인 영양, 고열량, 나트륨 과다 섭취의 문제가 나타난다. 장기적으로 지속되면 체지방률이 상승하고, 체력이 저하된다. 유산소운동, 근력운동을 소홀히 하면 당장 활력이 떨어지고 장기적으로는 근손실, 체력 저하의 원인이 된다.

자기 효능감 강화를 위한 내적조절, 자화, 심상 등을 활용해 본다든지, 자신의 의지가 약해질 때 도울 수 있는 훈련파트너와 함께 실행한다. 자신의 새로운 변화를 방해하는 상황을 극복할 수 있도록 미리 상상으로 대처방법을 찾는다. 패스트푸드가 생각날 때 대신 먹을 음식준비, 술을 대신할 음료수를 찾거나 물마시기, 담배 대신 호흡법을 찾아서 실천해 본다.

1. 바람직한 훈련방법

무용수들은 하루에 몇 시간, 일주일에 몇 번 연습하는 것이 좋을까? 무용연습 1시간 동안 소모되는 에너지는 얼마나 되나? 체력을 기르기 위해 어떤 운동을 하는 것이 좋은가? 무용수들에게 신체적 적응성은 합리적인 무용연습 시간과 강도를 계획하는 데 지침으로 활용될 수 있다. 또한 기초체력 향상의 목표를 성취하는 데 중요하게 고려되어야 할 부분이다. 효과적인 연습프로그램은 신체훈련의 기본원리를 바탕으로 계획된다. 특정한 종류의 동작연습을 발전시키기 위해 다음과 같은 훈련 원리를 고려한다.

첫째, 새롭고 어려운 동작들도 반복연습을 하면 할 수 있게 되는 것처럼 인간의 몸은 특정동작에 적응된다. 신체훈련의 원리(physical training principles)는 스트레스에 적응하는 신체적 적응성(adaptation)이라는 대원칙에 따른다. 인간신체는 외적으로 부과되는 스트레스에 맞춰서 발달한다. 많은 요구가 있으면 이 요구를 맞춰 더 조절한다. 오랜 시간 반복훈련을 하면 신체가 조절되어 장기적인 변화로 발전한다. 훈련을 통해 심폐지구력이 향상되면 심장이 한 번 박동할 때 더 많은 피를 펌프하는 능력이 생긴다. 그러면 연습하는 동안 세포의 산소요구를 충족하기 위해 심장이 빨리 뛰지 않아도 된다. 사람마다 최고의 체력 수준은 다르지만 훈련에 의해 향상된다.

둘째, 특수성(Specificity)은 특정한 신체 움직임 유형에 적응하는 것이다. 특정한 신체적 능력을 발전시키기 위해 반드시 특수하게 고안된 연습방법으로 해야 한다. 한국무용동작을 잘하기 위해서는 호흡과 굴신 방법을 향상시키는 기본기 연습이 필요하다. 발레를 잘하기 위해서는 턴아웃 자세를 안정적으로 유지하도록 고관절 가동범위를 확장시킨다. 척추를 수직으로 당기는 바른 자세정렬을 위해 바워을 충실히 해야 한다. 특수성은 동작기술에 관련한 체력적 요소 그리고 사용되는 신체의 특정한 기능을 발전시키도록 계획된다. 남성무용수들이 큰 힘을 발휘하기 위해서는 코어를 중심으로 몸통근력과 대퇴사두근을 강화시켜야 하며, 여성을 들어 올리는 동작을 위해서 강한 팔과 전신 순발력도 발달시켜야 한다. 무용연습프로그램에 필요한 체력적 요소들이 연결되도록 구성한다.

셋째, 점진적 과부하(Progressive overload)는 훈련 양과 강도에 적응해 가는 것이다. 신체는 기능이 향상되면서 연습요구를 높여나가면서 적응시켜야 한다. 연습량이 점진적으로 증가할 때, 적응성이 지속적으로 개선된다. 점진적 과부하를 위해 연습 강도를 조절한다. 약한 강도의 운동은 건강에는 효과가 있지만, 무용을 위한 체력강화에는 효과가 없다. 지나치게 높은 강도의 연습은 부상이나 신체면역 혹은 호르몬 체계에 문제를 초래하게 된다. 따라서 훈련효과가 발생되는 지점과 최대훈련효과 등 적정 훈련구간을 고려하여 최적의 강도를 점진적으로 늘려간다.

연습량은 개인의 현재 체력수준과 훈련에 적응되는 개인의 유전적 능력에 의해 결정된다. 물론 처음 시작하는 단계에서는 체력적 성장보다는 훈련에 적응시키는 것이 중요하므로 약한 강도로 시작해서 점차 늘려간다. 매 훈련 세션에서 동일한 강도로 운동하면 체력은 유지되지만 증가되지 못한다. 훈련스트레스가 체력 향상이 요구하는 수준에 못 미치기 때문이다. 과부하의 양을 조절해서 체력을 향상시키기 위해 다음의 4가지(FITT) 사항을 고려해야 한다. 훈련을 얼마나 자주(frequency)하느냐? 어떤 강도(intensity)로 하느냐? 얼마나 오래(time) 하느냐? 어떤 종류(type)의 활동양상으로 구성되었느냐?

빈도(frequency)는 운동 횟수를 말한다. 고강도의 운동은 안전하고 효과적 트레이닝을 위해 하루 이상의 회복시간이 필요하다. 고강도의 운동은 일주일 동안 회복을 위해 충분한 간격으로 계획한다. 훈련프로그램이 중간 정도의 강도로 구성된다면 매일해도 무방하다. 일반적 체력 프로그램에서 유산소운동은 일주일에 3-5일, 유연성은 2회 이상을 권장한다. 무용수의 경우는 매일 연습량을 유지해야 하므로 적절한 운동의 빈도를 결정하는 중요한 요소는 무용수 자신의 체력이 얼마만큼 빨리 회복되느냐에 달려있다. 연습사이에 충분한 휴식을 고려하고 자신의 몸 상태에 귀를 기울이면서 횟수를 조정한다.

강도(intensity)는 평소 자신의 활동 정상수준 이상의 난이도를 의미한다. 적절한 운동 강도는 체력요소에 따라 다양해진다. 심폐지구력을 발달시키려면 평소보다 심박수를 높여야 한다. 근력을 발달시키려면 무게를 높여야 한다. 유연성은 정상길이를 넘어서도록 근육을 스트레칭 해야 한다.

시간(time)은 운동시간의 길이다. 처음 시작하는 단계에서 고강도로 운동을 하면 부상의 위험이 있으므로 저강도나 중강도로 시간을 길게 하는 것이 좋다. 흔히 체력 향상을 위한 근력과 근지구력, 유연성 운동의 경우 비슷한 시간으로 구성하도록 한다. 그러나 이런 운동들은 일반적으로 특정운동의 구체적 반복횟수로 구성된다. 대근육그룹을 사용하는 8-10종류의 운동을 8-12회 반복할 수 있는 강도를 선택하여 한 세션 이상 반복한다. 예를 들어 근력운동을 할 때 힘이 약한 경우 한 세트에 10-15회 할 수 있는 무게를 사용하면 좋다. 유산소 운동의 경우 심폐지구력 향상을 위해 20-60분을 해야 효과가 있다. 운동은 한 세션 이상을 10분 이상씩 해야 효과가 있다. 강도와 시간은 반비례한다. 고강도로 뛰는 운동은 20-30분, 중강도는 45-60분 동안 지속한다.

유형(type, mode of activity)은 운동행동의 종류이다. 춤의 특성과 개인에게 필요한 목표에 따라 다양해진다. 체력운동의 경우 심폐지구력 향상을 위해 지속적인 전신 대근육활동을 한다. 걷기, 조깅, 자전거, 수영. 저항 운동은 근력과 근지구력을 발달시킨다. 요가의 스트레칭은 유연성을 발달시킨다. 필라테스는 몸통을 강화하는 코어운동이다.

넷째, 운동능력 소실(Reversibility)은 높은 수준의 신체활동에 적응하는 것처럼 낮은 수준에도 적응하는 원리이다. 운동을 쉬면 두 달 안에 체력의 50%를 상실한다. 그러나 모든 피트니스 수준이 동일한 비율로 상실되는 것은 아니다. 근력은 쉽게 복원된다. 일주일에 한 번만 해도 유지된다. 심폐지구력이나 세포성 체력은 며칠, 몇 주 만에 쉽게 사라진다.

다섯째, 체력 향상능력, 동작기술을 배우고 수행하는 수준에 따라 개인차(Individual differences)를 고려해야 한다. 어떤 사람은 타고난 점프능력이 있고, 어떤 사람은 선천적 고관절 구조로 인해 턴아웃이 잘 된다. 남자들은 근력운동을 하면 근육이 쉽게 발달하는 데 비해 여자들은 근육이 쉽게 커지지 않는다. 훈련에 대한 반응은 타고난 능력에 따라 남녀, 개인차가 나타난다. 그래서 훈련프로그램은 각 사람에 맞게 계획되어야 한다. 어떤 사람이나 개선의 가능성 즉 체력적 한계가 있다. 산소를 공급하고 사용하는 신체능력은 단지 5-30% 정도만 훈련으로 개선된다. 지구력 있는 무용수는 수행수준에 맞게 탁월한 힘을 발휘할 수 있는 에너지 대사능력을 타고난다. 지난 수년간 과학자들은 체지방, 근력, 지구력에 영향을 주는 특정 유전자를 규명해왔다. 그들은 800개가 넘는 유전자가 수행지구력에 연관된다는 것과 100개의 유전자가 운동 능력의 개인차를 결정한다는 것을 밝혔다. 개인의 능력은 타고난다고 하지만, 평소 바람직하고 균형 잡힌 훈련프로그램은 유전적으로 타고난 부정적인 측면을 발현시키지 않거나 억제시킨다. 반면 유전적으로 우월한 능력이 있어도 바람직하지 못한 생활이나 운동습관은 개인의 능력을 제한하는 결과를 초래하게 된다.

자신의 체력수준을 진단하고 필요하다면 의학적 진단을 참고하여 먼저 전체적인 목표를 생각해 본다. 자신을 위한 훈련프로그램을 왜 해야 하는지를 스스로 확실히 알아야 한다. 단체연습 스케줄을 바꿀 수는 없으므로, 진행되는 연습일정에 맞춰 나가기 위해 필요한 요소가 무엇이고 하루 일과 중에 어떤 방법이 적합한지 찾는다. 무용수들은 흔히 스트레칭 운동을 좋아한다. 그러나 체력보강을 위해서는 오히려 힘들어하는 유산소 운동이나 근력운동을 해야 한다. 또한 체력의 요소를 골고루 발전시킬 수 있는 균형 잡힌 활동을 선택한다.

유산소 운동의 경우 일상적 활동을 포함한 중간강도 활동을 적어도 일주일에 3-5번 총 150분 이상을 권장하며, 체중조절이나 유지를 하기 위해 하루 60-90분을 권장한다. 그렇다면 하루에 20-60분씩 할 수 있도록 일정을 계획해 본다. 근력운동은 비연속적으로 일주일에 2-3일, 모든 대근육 운동을 골고루 한다. 푸쉬업, 복근 크런치, 벤치프레스, 암컬, 프라이 등 상체와 몸통운동, 스쿼트, 런지 등의 하체운동을 나눠서 한다. 그래야 근육통증을 피하면서 바르게 근육을 발달시킬 수 있다. 유연성훈련은 최소 일주일에 2-3일을 해야 유지되고, 가능하면 5일 이상 매일 실시해도 좋다. 무용수의 경우 유연하지만, 고관절이나 어깨 등의 가동성의 균형을 맞추는 것을 고려해야 한다. 특히 다리동작 기교를 반복하면서 허리에 압박이 오게 되므로 요추 중심으로 척추안정화를 위해 코어강화와 스트레칭을 함께 하는 운동순서를 개발해서 매일 꾸준히 한다.

안전하고 효과가 있는 성공적인 연습프로그램을 만들기 위한 첫 단계에서 자신의 몸이 변화되길 원하는 내용을 구체적으로 계획하고 실천한다. 앞서 훈련 원리에서 언급한 것처럼 훈련간격이 일정하게 유지되어야 하며, 새로운 훈련에 적응하도록 점진적으로 시간, 강도를 늘린다. 자신의 체력 보강을 위해 처음 시작했을 때, 서서히 적응시켜 나가면서 자신의 몸에 긍정적 경험을 기억한다. 처음부터 너무 비현실적 목표로 강도 높게 하다 보면 포기하기 쉬워진다.

모든 연습이 시작되기 전에 하는 웜업단계를 중요하게 생각해야 한다. 운동 전에 실시하는 웜업은 몸이 활동할 수 있는 상태로 만들어 부상을 줄인다. 좋은 웜업은 근육온도를 높이고, 관절 표면에 윤활유를 공급하여 유연하게 하고, 근육과 심장으로 보내는 혈액흐름을 증가시킨다. 근육의 대사를 강화시키고 정신적으로 운동을 준비시킨다는 연구들이 웜업의 중요성을 알려준다. 웜업은 낮은 강도로 실시하며, 본 운동 활동과 유사성이 있는 전신운동으로 구성되어야 한다. 예를 들어 한국무용 수업 전에는 관절움직임을 유연하기 위해 가볍게 걷거나 달리면서 웜업을 하는 것이 좋다. 발레의 경우 관절 가동범위를 크게 해야 하기 때문에 가벼운 스트레칭과 유산소성 웜업을 함께 한다. 무용수들은 흔히 웜업단계에서 스트레칭을 강하게 하는 편이다. 그러나 강도 높은 스트레칭은 연습이 끝난 후 근

훈련 단계				
사전준비	준비	본 계획	행동	유지
목표행동분석	계획 여건 결과유익 방해요인 관련정보 변화상상	계획세우기 변화서약서 심상&자화 시도	발전기록 환경변화 행동대안 보상 도움요청 목표말하기 포기말기	지속 경과예상 롤모델 되기
피드백	목표행동 결과상상	실천계획 변화서약서 성공연습	행동기록 환경바꾸기 새행동 목록 보상	성공담 변화언급

육이 더워졌을 때 하는 것이 안전하고 효과적이다.

　운동 후 쿨다운 역시 중요하다. 휴식기에는 20% 정도 공급되던 혈액이 운동 중에는 순환되는 혈액의 90%가 직접 근육과 피부로 공급된다. 운동 중 혈액이 과잉으로 공급되다가 연습 후에 갑자기 멈추면 심장과 뇌로 되돌아오는 피의 양이 부족해서 현기증을 일으키거나 혈압이 떨어진다. 운동 마지막에 쿨다운은 혈액순환이 정상적인 휴식상태로 안전하게 되돌아오게 한다. 그러므로 연습이 끝나고 나서 곧바로 다른 활동으로 전환하지 말고 5-10분 천천히 지속적으로 걷는 정도로 쿨 다운을 하여 호흡과 혈압이 천천히 정상으로 돌아오게 한다. 쿨다운 시간은 연습강도에 따라 조절한다.

　체력개선을 위해 훈련의 양과 강도를 점차 높여가면서 즐거움과 다양성을 포함시킨다. 모든 운동의 원칙에서 동일한 강도는 권장하지 않는다. 하루는 강하게 하루는 약하게 하면서 전체적인 훈련의 양과 강도를 높여야 한다. 강도를 증가시키는 비율은 일주일에 10%를 넘지 말아야 한다. 활동을 다양하게 하고, 훈련 파트너를 정한다. 자신의 연습의 중요성을 이해하고 분명하고 현실성 있는 목표를 갖는 것이 중요하다. 또한 균형 잡힌 영양섭취를 해야 지치지 않고 모든 과정을 즐겁게 진행할 수 있다. 또한 자신의 발전된 상태를 수시로 점검하고 보람을 느껴야 한다. 크런치 자세로 버티는 시간을 체크해 보면 자신의 복근 향상을 실감하게 된다. 팔굽혀 펴기 횟수를 세어보면 전신근력 향상을 점검할 수 있다. 향상된 코어의 힘을 실기수업에 적용해 보면서 그 효과를 무용일지에 적어본다. 자신의 체력 향상을 수시로 체크하고 스스로에게 칭찬과 격려를 아끼지 말자.

2. 무용건강 교육

무용수의 건강 관련 연구와 현장적용방법들이 지속적으로 발전되고 있다. 이와 관련된 기구들에서 무용수 건강관리에 관한 정보와 프로그램들을 보급하고, 무용수들을 위한 복지 지원활동을 한다. 현재 무용수들의 건강 관련 정보를 제공하고 지원하는 역할을 하고 있는 기구로서, 미국의 무용수 웰니스 프로젝트(Dancer Wellness Project, DWP)가 있다. 현장경험 지식을 바탕으로 미국 내 보스턴발레단, 뉴욕시티발레단, 엘빈에일리스쿨 등의 단체에 무용수 건강 및 상해 등을 관리해주고 있으며, 해외 네트워크를 통해 건강관리 프로그램을 제공하고 있다.

영국의 경우 Dance UK와 국립무용의·과학회(National Institute of Dance Medicine Science)에서 건강한 무용현장을 위해 부상 관련교육, 재활을 위한 신체 최적화 프로그램을 보급하고 있다. 재활에 성공한 동료 무용수, 선배 및 교수자의 멘토링 등을 웹에서 제공하고 있어 실제적인 활용성을 높이고 있다. 이와 유사한 기능을 담당하는 국내 전문무용수 지원센터는 2007년 설립 이후 무용수들의 상해예방과 재활 지원을 하고 있다. 상해치료비 지원이나 재활트레이너의 도움을 직접 받을 수 있다. 더불어 무용수들의 전문트레이너로의 직업전환교육프로그램도 지원하고 있다. 무용수 건강 관련 논의에 초점을 맞추고 있는 세계무용의·과학회(International Association for Dance Medicine & Science)의 연구활동은 무용수의 건강 관련 과학적 연구와 현장적용방법들을 지속적으로 보급하고 발전시켜 나가고 있다.

무용과대학 웰니스 시설

한국예술종합학교 체력단련실	체력 측정실	요법실
미국 캘리포니아 대학	웰니스 실험실	필라테스 실습실
미국 오하이오 대학	SHAPe 실습실	필라테스 실습실

　　국내외 무용웰니스 교육프로그램들은 운동과학 지식을 바탕으로 무용인에게 적합한 내용을 적용해 나가고 있다. 1996년에 개원한 한국예술종합학교 무용원에는 운동과학 관련 과목들이 개설되어 있다. 또한 체력측정실, 체력단련실, 요법실이 운영되어 학생들의 건강관리를 위한 환경적 지원을 하고 있다.

　　미국 캘리포니아 대학(UCI)에는 '무용건강과 상해방지' 수업이 개설되어 무용

건강에 관한 지식을 무용수들에게 적용하는 이론과 실습수업이 병행되고 있다. 무용 웰니스 실습공간에서 학생들의 재활에 관한 실습과 연구가 개별적으로 진행되고 있다. 필라테스 수업을 위한 기구들이 마련되어 있으며 '매트(mat)'와 '리포머(reformer)' 수업이 매학기 개설되고 있다.

오하이오(Ohio) 대학에는 웰니스 교육프로그램 관련 임상을 할 수 있는 쉐이프 클리닉(The SHAPe Clinic : Science and Health in Artistic Performance)이 운영되고 있다. 여기서 무용, 음악, 연극 등을 전공하는 학생들이 치료와 상담을 받는다. 교내 공연예술 전공과 건강관리 전공분야가 협업하는 형태로 공연예술가들의 건강 관련 임상과 연구가 진행된다. 또한 필라테스 교육을 위해 리포머, 캐딜락 등 실습에 필요한 기구들이 독립된 공간에 마련되어 있다.

자기관리 프로그램

건강 관련 교육과정은 무용수의 합리적인 훈련계획을 세우는 데 적용될 수 있으며, 교사와 학생들에게 적절한 피드백 방법을 알려준다. 운동과학 지식 기반으로 계획을 세워 나가는 것으로 실기현장과 교육 사이에 연결고리를 만들 수 있다. 무용수들의 건강관리를 위해 제공되는 교육환경은 서로 긴밀하게 연결되어야 한다. 통합적 관리시스템을 통해 무용수는 정기적으로 체력을 측정하고 치료를 받으며, 수시로 체력 단련에 필요한 정보와 상담을 받을 수 있어야 한다.

한국예술종합학교 무용원에서는 '춤과 인체과학'을 비롯한 무용심리학, 역학, 생리학, 기능해부학, 요법, 상해론 등의 교과목을 통해 무용수 건강을 위한 교육이 진행된다. 수업과 연계하여 체력 측정실에서 신체검사가 이뤄지고, 체력 단련실에서 체력운동을 할 수 있다. 요법실에서 물리 치료적인 조언과 처치를 받는다. 건강 관련 교육프로그램이 지원을 받을 수 있도록 교내에 건강관리가 이뤄지는 공간과 시설을 이용하고 있으며, 전문 물리치료사의 협업이 가능한 상황이다.

춤과 인체과학 (한국예술종합학교 무용원)	
주	수업내용
1	자기관리프로그램 수업지침
2	무용건강 행동목표, 심신훈련원리
3	무용성격
4	무용수행 심리요인, 최고수행과 몰입
5	스트레스, 무대불안, 적정 각성수준
6	정신훈련, 인지-행동적 방법
7	신체구성과 영양섭취
8	중간시험
9	심폐지구력과 유산소 운동
10	무용수를 위한 근력 운동과 스트레칭
11	무용동작 표현성 원리
12	무용동작기술 유형
13	개별 무용적성검사 결과분석
14	자기관리프로그램 계획을 위한 그룹토의
15	자기관리프로그램 훈련계획 발표
16	학기말 평가

　　전 학과 공통과목으로 개설된 '춤과 인체과학' 과목은 자기관리 훈련프로그램을 목표로 진행된다. 공연활동에 필요한 다차원의 영역에 걸친 진단과 평가를 토대로 스스로 계획을 세우고 실천하는 내용이다. 무용수행에 필요한 요인들을 이해하며 요인들의 상호관련성을 파악한다. 진단평가, 훈련계획과정에 적극 참여하고, 집단 내 협력관계를 통해서 공감과 수용능력을 키운다. 무용수행에 직접적인 영향을 주는 동작실행체계, 에너지 생성체계, 동작 프로그램 생성체계, 심리체계를 중심으로 이론과 실습이 이뤄진다. 무용수의 효율적인 연습과 최상의 수행 조건을 목

표로 하므로 구체적인 현장 적용 사례에서 나온 연구결과들을 반영한다.

첫째, 무용수행요인과 연관된 운동과학 지식을 배운다. 근골격계의 구조와 기능, 기초체력, 영양섭취와 신체구성, 동작기술, 무용심리의 내용으로 구성된다. 신체조절능력의 강화를 위한 지식을 통해 인식능력을 키운다. 배운 지식의 내용이 신체적 동작감각으로 전이되도록 실습을 병행한다. 인체 움직임과 관련된 인식과 실천이 통합되면 동작감각이 발달된다.

둘째, 수행요인들과 관련된 프로파일을 작성하고 훈련방법을 계획한다. 무용수행에 영향을 주는 심리요인, 기본 자세와 기초체력, 동작기술 영역에 걸쳐 진단한 결과를 바탕으로 자신에게 필요한 목표를 세우고 구체적인 실행계획을 세운다. 이때 실기활동을 보완해 줄 운동방법이나 생활 관리뿐 아니라 스트레스 관리를 위한 방법들을 찾는다. 무용수의 수행에 영향을 주는 요인들을 진단하고, 인식해 나갈 때 무용수 자신의 수행특성에 대한 자각이 높아진다. 또한 자발적인 목표설정과 실천방법에 대한 의지가 있어야만 긍정적인 결과를 기대할 수 있다.

훈련과정은 Ⅰ단계, 수행에 영향을 미치는 여러 요인들에 대해 진단하고 무용을 하는데 방해를 받고 있는 문제의 진정한 원인을 찾는다. Ⅱ단계, 진단 영역별 목표를 정한다. 자발적으로 정한 성취목표에 맞는 구체적이고 현실적인 방법을 찾는다. Ⅲ단계, 반복훈련과 지속적 피드백이 이뤄진다.

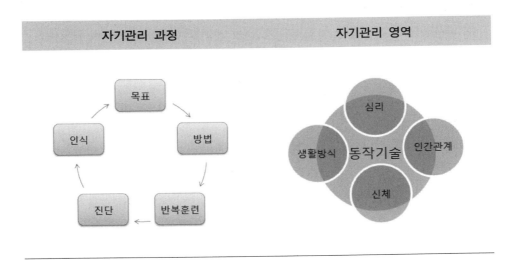

Ⅰ단계에서 무용 활동과 관련된 영역들의 진단을 위해 측정도구, 관찰일지, 조사용 체크리스트를 활용한다. 심리진단, 심폐지구력, 근력, 유연성 등을 측정하고, 신체정렬, 신체구성, 동작분석을 실시한다. 자기보고식 진단에서는 상해를 입은 신체부위, 다치게 된 이유, 통증의 양상에 관한 내용을 기록한다. 또한 동작기술 수행의 장단점, 신체적 정신적 능력, 대인관계 등도 파악한다. 최근의 감정, 무용수행상의 변화 여부, 자신의 목표, 성취도, 여가활동 등에 대한 것도 기술한다. 성공적 공연과 실패한 공연 요인을 분석하여 최적의 긴장상태를 확인한다. 최근 공연력에 변화가 있다면 그 원인들을 찾아낸다. 프로파일링을 작성하면서 수행 관련 여러 요인들을 종합적으로 판단한다.

자발적인 수용과 실천을 위해서 지속적으로 변화의 과정을 교사와 학생이 함께 해나간다. 신체적 문제를 단적으로 지적해 주기보다는 자신의 상태를 스스로 발견하게 한다. 객관적 지식정보를 바탕으로 스스로에게 의문이 생기는 순간 자신의 잘못된 습관을 깨닫는 것이 쉽다. 한번 습득된 행동은 반영구적으로 기억되므로 문제를 쉽게 인식하는 것이 어렵고 인식하더라도 고쳐나가는 데 시간이 필요하다. 자신의 불필요한 행동패턴에 직면하기 위해 합리적인 사고와 자유로운 탐색의 시간이 필요하다.

Ⅱ단계에서 장단기 훈련목표와 구체적인 훈련방법을 찾는다. 신체-심리-생활-인간관계-훈련의 영역에서 자신의 상태에 따른 목표를 세운다. 연습실, 리허설, 공연, 일상생활에서 자신에게 필요한 부분을 확인한다. 자신의 필요에 따라 최고수행을 위한 훈련프로그램, 슬럼프 극복을 위한 훈련프로그램, 부상 회복프로그램을 작성한다. 무대에서 춤을 추는 순간 최적화된 긴장 상태를 유지하기 위한 수행 영역별 목표와 방법을 계획한다. 특히 무용수가 의욕이 떨어지거나 공연성과가 저조할 경우에 현재 자신에게 필요한 목표를 스스로 정하기 어렵다. 이 경우 슬럼프나 탈진에 관련된 원인을 찾아 복귀 목표를 세운다. 목표가 정해지면 개인에게 필요한 방법을 찾는다. 기초체력운동, 동작기술연습, 심상, 자화, 루틴, 신체 이완기법, 이미지 트레이닝 등의 정신훈련 실천방법을 구체화한다. 신체정서이완과 신체능력개선을 위한 현실적 실행계획을 정해서 고착된 습관을 변화시키도록 노력한다.

 Ⅲ단계에서 반복훈련과 지속적인 피드백 과정이 이뤄진다. 훈련계획을 작성하고 실천해 나가면서, 정기적으로 그 결과를 확인한다. 이때에 긍정적 심상이나 긍정적 자의식이 도움이 되며, 주변의 지원과 성공적인 경험이 뒤따라야 한다. 무용일지를 작성하여 자신의 변화를 확인하는 것은 자기관리 과정에서 중요한 자발적 동기를 강화시켜 준다.

 학생들은 수업내용을 통해 무용수행 요인에 관련된 지식을 배우고, 자신의 무용수행요인을 진단하면서 점차 다양한 수행요소들의 관련성을 알아간다. 또한 프로파일링을 작성해 가면서 자신에게 필요한 부분을 발견하고 공연활동에서 발생하는 문제들을 극복할 수 있는 방법을 찾으려고 노력한다. 지식전달과 실습활동, 무용수행 요인의 진단과 인식, 교사로서의 개입과 학생들의 자유로운 탐색 등 모든 과정이 조화를 이뤄야 한다(나경아, 2011).

 자기관리 프로그램의 성과는 첫째, 교육 대상으로서 학생들의 심리-신체적 특성을 진단해 온 자료들을 통해 학생들의 필요를 알아가는 것이다. 이러한 자료를 바탕으로 수업의 내용을 보완하고 있다. 둘째, 그룹토의와 발표를 통해 신체활동을 조정하는 무용수의 마음이 얼마나 중요한지 이해하게 된다. 무용수의 개인적인 문제를 객관적 입장에서 바라보게 하며, 협력관계를 통한 상호작용의 유익을 경험한다.

무용수 건강과 상해방지

 미국 캘리포니아 대학(UCI)에 개설된 '무용수 건강과 상해방지' 수업에서는 무용수의 부상의 특수성을 바탕으로 체력훈련과 스트레스 관리에 대한 수업이 진행된다. 주 2회 10주간 이론 강의와 실습의 균형이 잘 이루어지며, 학생들의 학습에 대한 자발적 동기가 높다. 수업활동은 실기활동에 필요한 정보들과 자신의 신체-정신과 관련된 원리를 자각하고, 자신의 문제점들을 극복할 수 있는 방법들을 찾아나가는 방향으로 진행된다.

수업의 진행은 강의실에서의 이론수업과 스튜디오에서 실습수업이 번갈아가며 이루어진다. 이론수업은 영상자료를 볼 수 있는 강의실에서 진행된다. 수업교재를 기초로 하여 운동과학의 중요한 개념들을 무용에 적용하는 설명으로 진행된다. 학생들은 수업시간에 관련 정보들에 대한 설명을 듣고, 자신의 무용 활동에 필요한 부분들을 발표하고 토론한다. 측정-관찰 활동이 진행되는 실습수업은 스튜디오에서 진행되며, 신체 자세와 무용 활동과 관련하여 중요하게 다뤄야 하는 운동 가동범위, 심폐지구력, 근력 등을 측정한다.

무용건강과 상해방지(캘리포니아 대학 무용과)	
Week	Topic
1	Introduction to injury prevention Injury management
2	Technique analysis for injury prevention Common dance injuries
3	Common dance injuries Cardiovascular fitness
4	Strength training / core training Flexibility
5	Nutrition
6	Eating disorders Stress management
7	Individual group consultations / Group work in class
8	Research in dance health topics Core stabilization, weight training and stretch class
9	Presentations
10	Presentations and review for final quiz

수업 교재는 일반적인 신체활동에 관한 내용이며, 직접적인 무용 관련 예시를 포함하고 있지 않다. 이 부분은 담당교수가 무용분야에서 직접 경험한 임상경험과 관련 연구결과 등을 보충한다. 신체활동에 관련된 기초개념과 실험용 체크리스트들이 활용된다. 심리적 영역은 학생들이 스스로의 심리상태를 적어보는 활동을 한다.

학생들의 자발적인 참여로 수업이 진행된다. 학생들이 관찰실험 일지나 실험용 체크리스트들을 기록하는 과제에 적극 참여하여 자신의 심폐지구력, 유연성, 근력, 식이조절, 무용 관련 스트레스 등 관련영역에서의 문제점들을 스스로 발견한다. 교수는 질문에 답변을 유도하기 위해 점수에 반영되는 이름카드를 활용한다. 이전 수업에서 배운 내용을 확인하거나, 자신의 의견을 발표하도록 유도하는데, 자신의 생각을 적극적으로 표현하고 담당교수와의 상호작용이 활발히 이루어진다.

마무리 질문

▷ 바람직한 훈련이란?

▷ 훈련의 5가지 원리는?

▷ 무용건강을 위한 프로그램은 어떠한 내용을 다뤄야 하나?

II 무용수의 정신력

3장 정신적 특성

4장 무용불안

5장 정신훈련

춤추는 나는 누구인가?
정신적 흔들림을 경험하고 있는가?
정신훈련이 필요하다고 느끼는가?

정신력 핵심전략
▶ 정신훈련을 일상적 루틴에 포함시키자
▶ 생활습관 개선을 위해 행동목표를 정하자
▶ 평소에 안하던 새로운 일들에 관심을 갖자
▶ 자신에게 필요한 호흡이완법을 개발하자
▶ 무용일지를 쓰자
▶ 심상을 이용해서 동작순서를 연습하자
▶ 자신에게 긍정적인 말을 들려주자
▶ 여유롭게 산책을 즐기자
▶ 연습 중간 자투리 시간에 휴식할 수 있는 방법을 찾자
▶ 부정적인 생각이 들 때 '그만'이라고 외치자
▶ 함께 훈련할 친구를 만들자

　　심리학 연구는 인간의 행동과 사고 과정을 연구하고, 인간과 인간을 둘러싼 환경 사이의 상호작용을 설명한다. 인간의 행동은 외부에서 특정한 정보가 뇌로 전달되고 이 정보를 뇌에서 처리하여 실행명령이 내려지면 이에 대한 반응으로 나타난다. 인간고유의 사고체계 속에서 환경적 자극에 대해 반응하는 일련의 과정이 인간 정신 작용 안에서 일어난다. 현대 심리학은 인간유기체의 정보처리과정에 관심을 기울이고 있으며, 인간의 마음에 관한 생물학적 증거를 제시한다. 눈으로 볼 수 없는 정신에 관한 문제는 개념적 설명. 관찰, 조사, 실험을 통해 증명되고 있다. 인간이 느끼고 반응하는 복잡한 과정을 연구하기 위해 생리심리, 인지, 행동적 관점에서 다양한 방법들이 적용되고 있다.

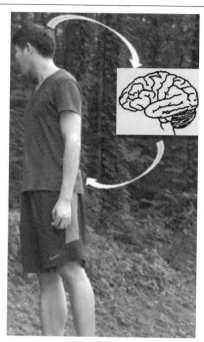

인간의 마음은 보이지 않지만 인간행동 반응을 결정하는 중요한 부분이다. 마음과 일치된 행동은 인간 활동을 최적화시킨다. 불편한 마음은 초조한 행동으로 드러나고 결국 개인의 역량을 발휘하는데 방해가 된다. 반면 자유로운 내면적 상태는 능동적이고 만족된 활동으로 이끌어 준다.

누구나 일상적 습관에 따라 살다보면 현재적 인식력이 둔감해질 수 있다. 공연 활동에 전념하다보면 현실적 삶에 대해 무관심해질 수 있다. 주변 환경에서 다가오는 자극에 대한 인식력이 높고 현재적 상황에 충실하게 반응하는 것이 건강한 자아의 모습이다. 이를 위해 의식에 떠오르는 생각과 감정을 적절하게 표출하면서 특정한 상황 속에서 내면적 요구를 적절히 조율해 나가야 한다.

무용수들은 춤을 추면서 몸으로부터 자유로워지는 내적 경험을 한다. 이것은 존재적 환상체험이다. 무용수는 환상적 무대에서의 삶과 현실의 삶을 동시에 살아간다. 무대에서 춤추는 나와 현실을 살아가는 나는 정확히 일치하지 않지만 서로를 포함하고 있다. 고된 연습과정과 화려한 무대의 삶에서 일시적인 불균형을 경험할 때 내면의 자각이 커진다. 무용수는 무대 위 환상 속에서 새롭게 변화되고 현실로 돌아와 다시 회복되는 균형을 유지한다. 그것은 일시적 부조화와 불안정 속에서 안정을 찾는 과정이다.

　무용수는 공연활동을 통해 순수한 열정과 인간 이해의 연결고리를 만든다. 허구적 현실 속에 반영된 인간의 마음을 이해하고 동시에 현재 자신의 있는 그대로의 모습도 받아들인다. 이는 무대공연과 일상적인 삶에서 자신이 누구이고 어떤 모습으로 살아가는지에 대해서 알아가는 것이다. 객관적인 상황과 주관적 신념이 하나가 될 때, '행복하게 춤추는 내'가 될 수 있다.

　매순간 새로운 마음으로 춤을 춰야 하듯이 현실적 삶에서도 그렇게 매순간 깨어서 반응해야 한다. 무대와 현실의 삶에서 진정으로 살아있는 존재가 될 때, 가장 큰 감동을 받는 사람은 무용수 자신이다. 이것이 관객에게 전해진다. 진정한 감동은 조화로운 인간의 내면에서 나온다. 춤추는 사람의 정신적 능력은 자신을 넘어서 다른 사람에게로 전달되는 힘을 발휘한다.

3장 정신적 특성

무용수는 특별한 성격을 지녔는가? 무용하는 사람이 다른 사람과 구별되는 점은 무엇인가? 무용수들이 무대 위에서 가상적 현실을 체험을 한다. 무대 위에서는 현실에서 불가능한 존재적 체험이 가능하다. 비일상적이고 화려한 무대의상을 입고 분장을 하게 되면, '춤추는 존재로서의 내'가 된다. 발레리나의 뚜뚜를 입으면 궁정무도회에 초대받은 공주가 된다. 때로는 인간의 비범한 움직임을 보여주는 춤 동작과 작품을 구성하는 규칙들을 통해 비일상적인 신비한 경험에 빠진다. 이것은 현실에서 벗어난 주관적 환상 체험이다. 신체활동을 통한 창조적 상상 속에서 모든 것이 가능해지는 기쁨을 느낀다.

무용수들은 신체활동을 통해 존재적 체험에 빠지는 동안 자신에게 있는 모든 능력을 발휘할 수 있는 내면의 열정이 유지된다. 일종의 도취된 감정은 강렬한 에너지를 발산한다. 이 때문에 무용수들은 자신만의 동작표현을 완성해 가는 과정을 즐기게 된다. 춤추는 순간 특별한 활동에 몰입된 상태가 되면 감각적 인식력이 커지고 다른 사람과 춤을 출 때 연결되는 힘을 느낀다. 이런 상태가 인지심리학자들이 말하는 생태적 자아, 관계자아적 경험이다(Neisser, 1988, Fraleigh, 1993). 무대에서 춤을 추는 동안 관객에게 전달되는 아우라, 흡입력, 카리스마라고 하는 것은 이런 몰입된 상태에서 나오는 에너지이다.

1. 무용성격

성격이란 특정 상황에서 나타나는 행동특징을 결정지어주는 마음의 특징이다. 어떤 환경적 상황이나 자극에 대해 일관되고, 지속적으로 나타나는 특징이다. 모든 인간에게 발견되는 공통적인 특징이면서도 개인만의 독특한 특징을 구별해 준다. 성격은 생득적으로 안정화된 부분과 환경적인 영향으로 변화되어 가는 부분이 있다. 개인의 사회적 역할이 다양하게 변화되면서 여러 가지 성격적 특성이 복합적으로 발현된다. 무용 환경에서 나타나는 무용수의 정신적 특성 역시 안정과 변화의 측면에서 이해된다.

성격에 관한 이론들은 인간의 행동특성 유형을 여러 관점에서 단순화된 개념으로 설명한다. 프로이드(Freud)는 공격성을 지닌 본능(id), 이상적 자아(super-ego), 조정자인 현실적 자아(ego) 사이의 역동적 관계로 설명한다. 매슬로우(Maslow)는 생리적 단계에서 자아실현의 단계로 이행하는 수준에 따라 성격을 설명한다. 체형이론에서는 안정적이고 사교적인 비만형, 활동적인 근육형, 고립된 성향을 보이는 마른 체형으로 구분한다. 이러한 성격이론들은 부분적인 인간의 행동을 설명한다.

유전적으로 타고난 것으로 보는 특성이론에 의하면 성격은 여러 가지 특성의 조합에 따라 차이가 나타난다. 이는 한 개인특성의 독특한 유형이며, 환경에 독특하게 적응하도록 결정지어 주는 개인 내의 역동적 조직이다(Allport, 1964, Guilford, 1959).

인간이 환경적인 자극과 반응을 통해 변화된다고 보는 사회행동이론에 의하면 성격이란 사회적으로 학습된 결과로 본다(I. Pavlov, J. Watson, C. Hull, B.F. Skinner, A. Bandura). 주변 인물들을 모방, 순응, 동화해 온 결과이다. 동일한 상황 속에서 개인차가 나는 이유는 외부자극에 따른 개인의 반응 잠재력의 차이 때문이다.

무용하는 사람의 성격은 어떠한가? 전공하는 무용에 따라 성격이 다른가? 무용을 잘하는 사람에게서 나타나는 심리적 특성은 어떠한가? 동일한 무용연습상황에 대한 반응이 개인에 따라 다르게 나타나는 것은 타고난 성향 차이 때문이다. 또한 특정 무용스타일의 동작기술을 반복 연습하면 유사한 행동특성이 나타내기

무용성격		
적절(+)	특성	과도(−)
신체활동 즐김 동작감각 발현	**행동중심 성향**	정서억압
공연성취	**내적 통제력**	치열한 경쟁심
자기관리	**외모관리, 식사조절**	식이장애, 신체상 왜곡

도 한다. 무용수의 정체성은 행동 중심적인 개인성향과 무대공연예술이라는 상황 속에서 이해되어야 한다.

무용 활동을 통해 자아통제력이 발휘되고, 춤을 통한 자아성취의 열망이 강해지면서 춤에 몰입해 간다. 이러한 몰입과정에서 존재적 희열감을 느끼면서 동시에 주변의 평가와 인정에 대한 부담감도 커진다. 모든 생활은 춤을 추기 위한 과정이다. 하루 종일 연습복을 벗기 힘들고 연습실에서 살게 된다. 연습실을 떠나 휴식을 취하거나 춤 이외의 활동에 취미를 갖는 것이 어렵다. 춤 이외 다른 활동에 무관심하거나 억제하는 경향이 있다. 신체언어를 선호하는 행동 중심적 성향과 육체를 통제해야 한다는 인식 때문에 정서적인 문제가 생긴다(Brown, 1973).

힘든 연습을 견뎌내는 무용수는 자기 스스로 인생을 통제할 수 있고, 통제할 책임이 있다고 믿는다. 자기 통제의 내면적 욕구가 강한 무용수는 신체활동의 특정 수준에 도달하기 위해 자기 자신과 싸운다. 자신의 움직임을 완벽하게 통제하는 능력을 키우기 위해 근골격계에 무리한 힘을 가하는 연습을 매일 반복한다. 무용수는 개인적인 동작기술 성취뿐 아니라 집단적 협력관계 속에서 자신의 위치에 대한 욕구가 강하다. 신체활동에서 완벽에 이르려는 생각 때문에 스포츠처럼 공격성향이 드러나지 않지만 보이지 않는 경쟁을 한다.

무용수의 강한 통제력은 무용수와 일반인이 통증을 느끼는 시점과 견뎌내는 시간을 비교한 실험에서 나타났다. 얼음물에 손을 담그고 참아내는 시간을 비교한 결과 무용수가 통증을 느끼는 시점과 통증을 참아내는 시간이 일반인에 비해 2배 정도 길었다(Tajet-Foxell & Rose. 1995). 무용수의 통제력은 오랜 강도 높은 신체훈련과정에서 얻어진 목표행동 실천능력에서 나온다.

무용하는 사람들에게 어떤 공통적 신념, 정서, 행동적 특징이 나타나는가? 명확한 개념정의가 이뤄지지는 않았지만 무용하는 사람들에게서 집단적인 심리가 발견된다(Schnitt & Schnitt, 1987). 무용하는 사람들은 신체 움직임을 받아들이고 표현하는 동작감각 능력이 탁월하다. 자신의 감정과 개성을 신체동작으로 표현한다. 남들 앞에서 자신의 춤을 보여주는 것을 즐긴다. 어려운 동작을 배우는 훈련과정을 잘 참아낸다. 어린아이 같은 순수한 감정이 있다. 현실을 초월하는 신비로운 감정을 느낀다(나경아, 2011). 무용성격의 개념 및 구성요인에 관한 연구에서 이상적인 무용성격은 과제 집착성, 외향성, 감정, 독특성 등이며, 무용전공에 따른 독특한 성격요인이 구별되는 것으로 나타났다(김윤진, 2004).

무용전공 대학생의 16가지 성격유형을 비교한 결과 무용전공생 중 ISTJ가 가장 높은 비율(16.4%)로 나타났으며, 뒤를 이어 ESTJ(13.4%)가 높게 나타났다. ISTJ유형은 창작전공을 제외한 실기전공(한국무용, 발레, 현대무용)과 이론전공에서 가장 높은 비율로 나타났다. 세부전공별 유형에서 실기전공생은 ISTJ유형(53.3%)이 과반 이상으로 나타났으며, ESTJ(31.2%), ESFP(23.2%) 순으로 나타났다. 실기-한국무용은 동일한 순서로 나타났으나 발레는 ISTJ, ESTJ, ISFJ 순서로 나타났으며, 현대무용은 ISTJ, ENFP 순서로 나타났다. 이론전공생은 ISTJ(23.3%)가 가장 높게 나타났으며, ENFP(16.7%)가 뒤를 이어 나타났다. 창작전공생은 ESTJ(24.1%)가 가장 높게 나타났으며, INTP(20.7%), ISTP(13.8%) 순서로 나타났다.

무용전공 대학생의 에너지, 인식, 결정, 생활방식 분석 결과 에너지영역에서 외향이 101명(50.2%), 내향이 100명(49.8%)으로 비슷한 비율로 나타났으며, 심리인식영역에서 감각이 131명(65.2%), 직관이 70명(34.8%)으로 나타났다. 심리결정영역에서 사고가 114명(56.7%), 감정이 87명(43.3%)으로 나타났고, 생활방식영역에서 판단이 111명(55.2%), 인식이 90명(44.8%)으로 나타났다. 일반대학생그룹과 비교해 보면 무용전공생들이 에너지 방향 외향(E)이 많으며, 심리인식기능에서 직관(N)이 많다. 또한 열정적 통찰기능과 이상가적 기질로 분류하는 NF유형이 많다.

태도지표와 사분할 특징에서 전공에 따른 차이가 나타났다. 태도지표 분석결과 한국무용은 외향적 추진력이 강한 EJ(29.3%), 발레와 이론전공은 숨은 리더형인 IJ(33.3%, 43.3%), 현대무용은 모험적 활동가형인 EP(37%), 창작전공은 관조적 태도인 IP(37.9%)가 가장 높은 비율로 나타났다. 사분할 특징으로 살펴보면 한국무용은 보수적 경향의 IS와 행동 지향적 ES가 동일하게 나타났다(36.2%). 발레와 현대무용은 보수적 경향의 IS가 각각 42.1%, 33.3%이며, 창작전공은 행동 지향적 ES가 37.9%이며, 이론전공은 새로운 변화를 탐색하는 EN이 30%로 가장 높게 나타났다(나경아, 2016).

MBTI		
영역	요인	강점
에너지 방향	외향(E)	인간관계 역동, 자기표현
	내향(I)	내적 통찰
인식	감각(S)	구체적, 현실적 사고
	직관(N)	미래가능성 발견
결정	사고(T)	합리적인 일처리
	감정(F)	사람 마음을 헤아림
생활방식	판단(J)	정리정돈, 계획
	인식(P)	융통성, 순발력

융(C. G. Jung)의 심리유형론(Psychological Types)을 토대로 Myers와 Briggs가 개발한 성격유형검사(Myers-Briggs Type Indicator, MBTI) 검사지이다. MBTI는 심리유형 이론을 보다 쉽게 일상생활에서 유용하게 적용할 수 있도록 70년 동안 연구, 개발되고 심리학, 교육학, 경영학, 종교학 등 다양한 분야에서 활용되고 있다. 세계적으로 보편적 성격 검사 도구로 활용되고 있다. MBTI는 인식과 판단에 대한 융의 이론 그리고 인식과 판단의 향방을 결정짓는 태도이론을 바탕으로 제작되었으며, 검사지의 주요 목적은 네 가지 심리영역에서 자신의 선호유형을 이해하고 나와 다른 유형에 대한 이해의 폭을 넓히는 것이다. 특정한 수행분야의 심리유형을 이해하는 데 활용될 수 있으며 수행 관련 다른 심리요인과의 상관성을 파악할 수 있다.

선호지표는 태도, 인식기능, 판단기능, 생활양식과 관련된 4가지 기본적인 선호경향 중 하나를 나타내고 있다. 태도는 외향(E)과 내향(I)으로, 인식과 판단이 주로 외부세계를 향하느냐 또는 내부세계로 향하느냐 선택방향을 지닌다. 인식기능은 외부의 정보를 받아들일 때, 감각(S)에 의지하느냐 직관(N)에 의지하느냐의 선호경향을 나타낸다. 판단기능에서는 사람의 인정에 이끌리는 감정형(F)과 논리적인 결과를 바탕으로 결정하는 사고형(T)으로 나눈다. 생활양식에서, 판단(J) 유형은 외부세계를 대처해 나갈 때 계획적 사고능력을 사용하며, 인식(P) 유형은 감각이나 직관으로 융통성을 발휘한다(김정택 외, 2007).

무용성격 질문

무용하는 사람들의 특성

정서

신념

행동

무용전공에 따른 특성

한국무용

발레

현대무용

힙합

안무가

기타

바디이미지

나의 몸매가 무용하기에 적합한 체격조건을 갖추었다고 생각하는가? 어떤 체격이 이상적인 무용수의 모습이라고 생각하는가? 신체이미지(body image)는 자신의 신체에 대해 스스로 느끼는 주관적 개념으로 자신의 마음속에 형성된, 신체에 대한 그림이다. 신체에 대한 인지적, 정서적, 행동지향성을 포함한 다차원적 개념으로 정의될 수 있다(Schilder, 1950). 신체이미지는 신체적 감각과 건강상태까지 포함하며, 인지과정에서 자아개념에 영향을 미친다. 인간의 모든 활동이 신체를 통해 이루어지기 때문에, 인간의 신체는 어떤 행위를 하는 물리적인 기능 이상으로 다양한 미적 가치를 포함한다. 이상적 신체의 기준은 시대에 따라 달라지며 사회적 분위기에 영향을 받는다.

무용전공자들에게 신체란 무대에서 관객과 소통하는 매개체이며 작품을 표현해내는 도구이다. 무용수의 신체이미지는 무용수의 외형적인 모습뿐만 아니라 신체의 기능이나 태도에 대해 자신이 느끼는 전체적인 인식이다. 무용수는 일반인들보다 더 마른 체형을 선호한다. 무용수들은 완벽한 외모의 기준과 비교하는 과정에서 마른 체형을 이상적이라는 기준을 갖게 된다. 거울 속 자신의 신체를 이상적 신체 이미지와 비교하여, 기대에 미치지 못한다고 생각하면 좌절한다. 불일치의 정도가 심하면 자아에 대한 부정적 인식이 커진다. 춤을 통해 드러나는 날씬한 몸매를 중요하게 생각할수록 자신의 모습에 대한 불만도 커진다. 대부분의 무용전공 여학생들이 정상체중이나 저체중에 속하지만 자신의 신체상에 만족하지 못하고 스스로 뚱뚱하다고 생각한다. 이처럼 바디이미지는 주변사람과 비교하는 과정에 형성되는 상대적인 개념이므로 외모가 뛰어난 그룹 안에 속한 사람들이 자신의 바디이미지에 대해 더욱 부정적이 된다.

무용수는 외모를 아름답게 만들기 위해서 끊임없이 내적 통제력을 발휘한다. 무대 위에서 길고 가는 선을 보여줘야 하기 때문에 마른 체격임에도 불구하고 더욱 말라야 한다고 생각하며, 특히 여성무용수의 경우 2차 성징으로 몸매가 변화되는 것을 두려워하는 경향도 있다. 어린소녀의 모습을 유지하고 싶어서 충동적 욕망을 통제하고 신체적 성숙을 거부한다(Dasch, 1978). 특히 발레무용수들에게는 이상적인 신체조건이 분명하게 정해져 있다(Warren, 1990). 이 기준에 자신을 맞추려고 끊임없이 노력하다 보면 발레리나 젤시 컬크랜드처럼 성형중독 등의 부정적 결과가 나타나기도 한다. 이러한 양상은 이상적 바디이미지가 정해져 있는 무용분야의 집단적 분위기로부터 영향을 받는다(Lowenkaupf & Vincent, 1982).

무용전공 대학생의 바디이미지 검사결과 여학생들은 모든 전공에서 현재 자신의 모습보다는 마른 체형을 원하였다. 반면 남학생의 경우에는 몸이 커지기를 원하는 것으로 나타났다. 한국무용, 발레, 현대무용의 세 전공별 신체이미지를 분석한 결과, 세 전공 모두 음수(-)값을 보였는데, 신체상 인지가 음수이면 자신의

이상적 바디 이미지

여자

남자

키 159-175cm
몸무게 39-52kg
가슴이 작다.
둔부가 작다.
허벅지와 종아리가 동일한 비율이다.

키 175-188cm
몸무게 61-75kg
평균적 두상에 목이 길다.
등이 곧고 허리가 얇다.
둔부가 작다.
허벅지가 종아리보다 굵다.

(Warren, 1990)

실제 신체보다 더 마른 체형을 선호한다는 것이다. 그 정도가 한국무용이 가장 높게 나타났으며, 발레전공자는 세 전공 중 가장 낮게 나타났다.

성별에 따른 신체이미지를 분석한 결과 여자 대학생들이 신체상 인지에서 자신보다 더 마른 체형을 선호하는 것에 비해 남자 대학생들은 자신이 선호하는 신체가 자신의 신체보다 크다는 것을 알 수 있다. 남성 무용수들은 마른 체형보다 남성적 힘을 발휘하는 근육 형성에 더 많은 신경을 쓴다. 대부분의 여성 무용수들이 저체중으로 마른 체형임에도 불구하고 자신의 체중에 불만을 가진다. 무용수들에게 자신의 신체는 더 마르기 위해 노력해야 하는 불만족스러운 대상이라는 것으로 해석될 수 있다. 이러한 신체에 대한 불만족은 무용수로 하여금 부정적 자아의식이나 식이태도에 대한 왜곡을 불러올 수 있다(나경아, 박현정, 김리나, 2011).

바디이미지 검사

1) 다음 그림에서 자신의 몸과 유사하다고 생각되는 번호를 고르시오. _____

2) 다음 그림에서 가장 이상적인 몸이라고 생각되는 번호를 고르시오. _____

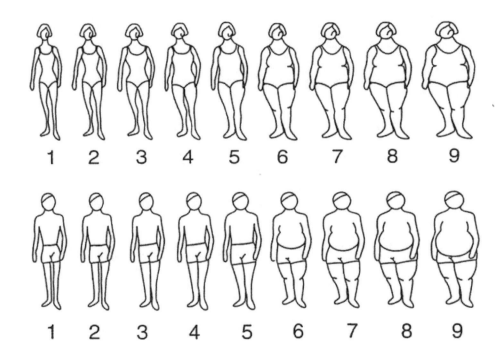

□ 2)번에 선택한 숫자에서 1)번에 선택한 숫자를 뺀 값을 적는다.

□ 점수는 −8점에서 +8점까지 나오게 된다. 음수 값은 지금보다 살이 빠지기를 바란다는 의미이다.

(Buckworth, J. & Dishman, R.K., 2002)

2. 무용수의 정신력

공연에서 실수할까봐 두려운가? 주변 사람들의 평가에 신경을 쓰는가? 지도자나 안무자에게 지적을 받으면 연습에 집중하기가 어려운가? 콩쿠르나 중요한 공연이 임박하면 지나치게 예민해지는가? 자신보다 실력이 뛰어난 무용수가 있으면 위축이 되는가? 무용수들이 공연상황에 대한 정신적 준비를 하기 위해 먼저 어떠한 상황에서 자신의 감정이 동요되는지 인식해야 한다. 또한 이럴 때 나타나는 반응도 살펴야 부정적 반응들을 조절해 갈 수 있다. 아무리 뛰어난 기량을 지니고, 아무리 연습을 많이 했어도, 정신적인 동요가 심해지면 공연의 결과를 예측하기 어렵다.

무용수들은 무대에서 자신의 실력이 평가되는 순간이 되면 긴장하게 된다. 자신의 실력만큼 해낼 수 있을지 의심하는 생각을 떨칠 수 있도록 정신적 힘을 길러야 한다. 또한 부정적인 심리상태나 감정적인 동요가 커졌을 때에도 원래의 상태로 곧바로 돌아갈 수 있어야 한다. 이것이 회복력(resilience)이며 전반적으로 자신에 대한 긍정적인 상태를 유지할 때 회복탄력성이 높아진다. "콩쿠르에 입상하는 것에 신경 안 쓴다. 다른 사람의 평가는 중요하지 않다." "나는 연습할 때 잘해왔고, 열심히 연습했기 때문에 못할 이유가 없다. 난 분명히 연습처럼 잘 하게 될 것이다."라고 말하는 것이 도움이 된다.

평소 심리 상태를 스스로 관찰하고 긍정적인 공연태도를 길러나가게 된다면, 몸과 마음이 하나로 움직여지는 수행의 최고상태(peak performance)에 이르게 된다. 자신의 능력, 기술에 대한 자신감을 갖고 적절한 긴장을 유지한 상태에서 동작이 자동화 된다. 이때, 최적의 주의집중 상태인 몰입(flow)을 경험한다. 공연하는 동안 동작이 무의식적인 수준에서 나오게 되며, 무용수는 최고의 희열을 느낀다. 무용수행에 필요한 심리요소는 자신감, 긴장조절, 집중, 동기로 설명된다(Taylor & Taylor, 1995).

자신감

공연에서 잘 할 수 있다고 믿어야 한다. 무대 위에 서면 자신이 최고이며, 어떤 상황에서도 흔들리지 않는다는 자신감(self-confidence)이 있어야 한다. 자신이 꾸준히 연습해서 실력을 갖추고 있다 하더라도 순간적으로 잘할 수 있다는 확신이 흔들리면 평소 실력을 발휘하기 어렵다. "오늘 공연에서 실수할 것 같아", "동작 순서가 잘 생각나지 않으면 어쩌나" 이런 부정적인 생각들은 실제로 몸과 마음에 불편한 반응들로 이어진다. 자신감은 타고난 것이 아니라 반복적인 연습과 성공적인 경험으로 생겨난다.

무용수는 매일 연습상황 속에서의 작은 성취도 성공으로 해석하고 자신을 격려하는 습관을 기르는 것이 중요하다. 그래야 연습과 공연에서 자신의 능력에 대해 확신을 가질 수 있다. 평소 나를 격려할 수 있는 좋은 글귀들을 외워보는 것도 좋다. 말을 하면서 기대와 확신을 갖도록 자주 읽고 듣고 외워본다. 보이는 곳에 필요한 글귀나 롤모델을 붙여 놓는 것도 시도해본다. 공연할 동작을 멋지게 성공하는 그림을 머릿속에 저장하고 자주 생각해본다.

동작기교나 공연활동을 할 때 나타나는 반복적인 문제가 있다면 교사나 주변 사람들이 합리적으로 조언해 주고 연습과정에서 고쳐나가도록 도와야 한다. 그리고 과거의 실수나 실패에 대한 경험으로 지속적인 영향을 받고 있다면 과거의 기억을 재해석해 줄 필요가 있다. 과거의 실패를 운명이나 자신의 무능함으로 탓하지 말고, 얼마든지 노력으로 이겨나갈 수 있다는 확신을 갖는다. 또한 실패했던 경험을 성장을 위한 중요한 과정으로 받아들인다. '실패는 성공의 어머니'라는 말을 듣게 하는 것도 좋다. 공연이 임박해 있다면 여유 있게 웃거나 당당한 자세로 행동하면서 최선을 다할 수 있다는 스스로의 신념을 유지한다.

긴장조절

무대에 오르기 전에 심장 박동소리가 커지고 아무것도 생각나지 않는다. 이처럼 긴장될 때, 자신의 긴장감을 적절하게 조절해야 한다. 적절한 긴장감(intensity)이란 개인마다 다르고 공연내용에 따라 달라진다. 경험이 풍부한 무용가들도 이전보다 더 훌륭한 무대를 기대하는 관객들 앞에 서는 것이 죽음과 같은 두려움이라고 말한다. 경험이 부족하고 나이 어린 무용수들은 예측할 수 없는 공연결과로 인해 긴장한다.

공연상황에서 예측할 수 없는 일이 벌어지거나 자신이 통제할 수 없는 상태가 되면 긴장감이 높아지므로 사전에 이런 상황 속에서도 흔들리지 않도록 정신적 준비를 한다. 긴장이 높아져서 몸이 평소처럼 자유롭게 움직이지 않고 불필요한 생각들이 몰려올 때, 생각을 멈추고 빠르게 긍정적인 생각을 한다. 생각을 바꾸기 어려울 때는 "괜찮아" "잘 할 수 있어"처럼 짧은 단어를 스스로 들려주거나, 미리 생각해 놓은 긍정적 장면들을 떠올리면 도움이 된다. 긴장이 고조되는 것만큼 긴장부족으로 인한 무력감과 무감각한 증상도 문제가 된다. 성공적인 공연과 실패했던 공연을 떠올려 보고 자신에게 적절한 긴장감을 기억해서 재생산 해보는 것도 도움이 된다.

집중력

공연하는 순간에 필요한 것에만 신경을 쓰도록 집중력(concentration)을 유지해야 한다. 불필요한 생각에 이끌리지 않고 주변상황에 방해받지 않아야 준비해 온 자신의 실력을 무대 위해서 발휘하게 된다. 자신이 통제할 수 있는 부분에만 집중하는 것이 필요하다. 최적화된 집중상태에 있는 무용수는 공연을 즐긴다. 즐기려는 마음으로 무대에 오르면 그 순간에 집중력을 발휘하기가 쉬워진다.

동기

무용을 하고자 하는 마음이 얼마나 강하며, 지속되느냐는 무용수 정신력의 기반이 되는 요소이다. 자신감, 긴장조절, 집중력을 발휘하기 위해서는 우선 하고자 하는 마음이 강하게 유지되어야 한다. 노력의 방향과 강도를 결정해 주는 힘은

무용 수행 원인	
집중	불필요한 방해를 차단하고 필요한 것에 초점을 모으는 능력
긴장	적당한 긴장상태를 유지할 수 있는 능력
자신감	자신의 능력에 대해 확신
동기	열심히 지속하는 의욕

본능적인 에너지를 이끌어가는 의지에 달려있다. 동기(motivation)는 왜 무용을 하게 되었으며, 얼마나 지속적으로 하는지, 얼마나 열심히 하는지를 설명해 준다. 무용을 열심히 하는 힘은 무용하는 사람의 특성과 환경의 영향으로 설명된다.

동기는 인간 내면의 만족되지 않은 욕구이다. 인간행동의 기본적인 에너지로 작용하는 욕구는 생리적 요구와 학습된 요구에서 비롯된다. 연습을 통해 기술수준이 뛰어난 경우 욕구가 높아질 때 기술수행에 긍정적 영향을 미친다. 그러나 기술수준이 낮을 경우 욕구가 높아질 때, 부정적인 효과가 나타난다.

발생한 행동의 원인을 무엇으로 지각하느냐에 따라 동기가 달라진다. 그 원인은 능력과 과제의 난이도처럼 변하지 않는 요소와 노력이나 운처럼 변하는 요소로 구분된다(Weiner, 1972). 개인의 능력과 노력은 내적인 요소이다. 과제의 난이도와 운은 외적 요소이다. 무용수가 동작을 잘 했을 때에나 그렇지 못했을 때에나 그 원인을 자신의 노력에 두고 받아들이는 경우 동기가 높다.

무용수에게 보상을 주는 것이 반드시 동기를 높이는 데 도움이 되는 것은 아니다. 보상으로 동기가 높아질 수도 있지만 자신이 조정 당한다는 부정적인 인식으로 동기를 저하시킬 수 있다. 무용수에게 과도한 보상은 동기를 저하시킬 수 있다. 동기가 저하되었을 때, 보상은 신중하게 고려해서 제공되어야 한다.

무용수가 공연 결과를 어떻게 기대하느냐, 그리고 무용공연 결과가 어떤 의미가 있느냐, 무용수가 성취감이 있느냐, 무용수 개인의 동기 경향성이 어떠하냐, 무용수 주변 사람들이 공연 결과에 관심이 있느냐, 공연력 향상에 관심이 있느냐에 따라 성취동기가 달라진다. 성취동기가 높은 무용수는 성공과 실패의 확률이

50%일 때 동기가 높아진다. 또한 실패를 두려워서 시도하지 못하는 경우나 성공 그 자체에 대한 공포를 갖는 경우도 있다.

무용 활동을 하다 보면 때로는 동기는 높아질 수도 있고 낮아질 수 있다. 동기가 높은 무용수들은 고도의 에너지를 표출하는데, 동기가 높아진 상태를 동기 고조 증후군이라고 한다. 이러한 상태의 무용수들은 공연연습을 열심히 한다. 흔히 콩쿠르나 주역으로 발탁된 경우 의욕이 높아져서 연습 중에 휴식을 취하지 않고 무리한 연습을 강행한다. 반면 의욕이 없어진 무용수들의 상태는 동기 저하 증후군이라고 한다. 공연활동과 연습에 참여할 의욕이 줄어들고 연습에서도 집중력을 잃는다. 동기 저하된 무용수들은 대부분 손쉽게 성공하기를 바라거나 실현 불가능한 목표를 가지게 된다. 때로는 목표를 상실했거나 실력을 겨룰 수 있는 동료가 없을 경우에도 동기가 저하된다(Taylor, 1980).

무용동기를 향상시키기 위해 구체적인 목표를 정하는 것이 좋다. 장, 단기적인 목표들을 정하고 자신의 수행 향상을 스스로 확인한다. 무용수에게 목표달성을 위한 방법들도 제시되어야 한다. 성취목표를 주변 사람들에게 알리고 도움을 받는다. 목표달성이 어려워질 때는 재설정한다. 무용수는 성공이나 승리의 경험을 자주하는 것이 필요하며, 무용수가 수행해야 할 동작에 대한 완벽한 시범을 보는 것도 도움이 된다. 필요에 따라 무용하는 사람들 사이의 선의의 경쟁을 유도할 수 있으나 협력적인 인간관계에 보다 더 주의를 기울여야 한다.

마무리 질문

▷ 무용하는 사람들은 어떠한 특성을 지니는가?
▷ 내적 통제력이 지나칠 경우 어떤 문제가 나타나는가?
▷ 무용수에게 긍정적 바디이미지가 왜 중요할까?
▷ 무용수행에 영향을 주는 심리적 요인은 무엇인가?

무용정신력 검사

□ 문항을 읽고 해당하는 경우에는 'O', 그렇지 않은 경우에는 'X' 표 해 주세요.

1	나는 실수했을 때, 실수한 일에 대해 자주 걱정한다.	
2	나 스스로 공연을 망쳤다는 생각에 기분이 가라앉는다.	
3	실수를 잊는 것은 나에게 매우 쉬운 일이다.	
4	공연 혹은 클래스의 시작이 좋지 않으면, 다시 원래의 기량을 발휘하기가 힘들다.	
5	내가 공연 혹은 클래스에서 실수하거나 망쳐버린 일을 선생님이 안다는 것은 나를 힘들게 한다.	
6	나는 차질이 생기거나 실수 혹은 실패하는 경우에 빨리 회복한다.	
7	나는 나에게 압박이 있을 때, 최상의 기량을 발휘할 수 있다.	
8	(무대 위에서) 나의 모든 것을 발휘해야 한다는 점은 너무나 긴장되는 일이다.	
9	중요한 공연일수록 본 공연보다 리허설에서 잘한다.	
10	나는 쉽게 겁먹거나 친숙해지는 편이다.	
11	나는 스트레스를 받을 때 스스로 평정심을 되찾고 침착해질 수 있다.	
12	나는 주역무용수(등의 특별한 역할)에 캐스팅되는 것을 원치 않는다.	
13	선생님의 (자세나 동작에 대한) 교정과 지적은 나를 산만하게 만든다.	
14	나는 쉽게 집중력을 잃는 편이다.	
15	다른 학생들과 함께 무용(클래스 혹은 공연)을 하는 것은 나의 집중력을 흐리게 한다.	
16	피로감, 건조함, 따뜻함, 추위(등의 환경적 요인)에 쉽게 영향을 받는다.	
17	나는 나에게 무엇이 중요한지 판단할 수 있고, 집중할 수 있으며, 그 외의 (방해가 되는) 것들에는 주의를 기울이지 않는다.	
18	나는 공연 전과 공연 중에 (공연과 관련된) 무언가 잘못 될 수 있다는 점에 상당히 많은 신경이 쓰인다.	
19	한두 개의 실수쯤은 나의 자신감에 영향을 주지 못한다.	

□ 문항을 읽고 해당하는 경우에는 'O', 그렇지 않은 경우에는 'X' 표 해 주세요.

20	나는 나의 동료와 나 자신을 상당히 비교하는 경향이 있다.	
21	나는 쉬운 동작이나 역할보다는 좀 더 어려운 동작이나 역할을 하고 싶다.	
22	나는 자신감 있고 (나의 춤에) 자부심이 있는 무용수이다.	
23	나는 매우 부정적인 경향이 있다.	
24	나는 스스로에 대한 부정적인 생각이나 인식을 조절하는 데 어려움이 있다.	
25	나는 실패나 실수 후에 더욱 동기부여 된다.	
26	고난이도의 테크닉이나 클래스에서 배우는 것이 좋다.	
27	나는 오늘의 클래스나 리허설이 나의 목표를 달성하는 데 도움이 될 것이라고 생각한다.	
28	클래스에서 종종 의욕 없이 춤추는 내 자신을 발견한다.	
29	나는 내가 성취야 할 정확한 목표나 목적을 가지고 있다.	
30	나는 동기가 높은 무용수이다.	

□ 아래의 답과 맞는 것을 1점으로 계산한다.

회복력	긴장조절	집중	자신감	동기
1-6번	7-12번	13-18번	19번-24번	25-30번
XXOXXO	OXXXOX	XXXXOX	OXOOXX	OOOXOO

5개의 영역 중 6점을 받는 영역은 '매우 좋음'이다. 5점은 '좋음'이며, 4점 이하는 처치가 필요하다. 무용수들은 각 영역의 점수를 활용하여 목표설정을 할 수 있다. 총점이 22점 이하인 무용수는 심리 훈련에 더 많은 시간을 투자해야 한다.

□ Mental Toughness Questionnaire for Dancers, Bonnie E. Robson, MD.

4장 무용불안

　무용할 때 불안한 마음이 드는가? 왜 불안한가? 불안할 때 나의 마음속에 떠오르는 생각은 무엇인가? 영화 〈블랙스완〉에서 주인공 발레리나는 성취를 위한 인간내면의 경쟁과 갈등을 보여준다. 아름답게만 보이는 무용수들은 운동선수들만큼 혹독한 신체훈련을 하며, 다양하고 섬세한 표현력을 습득하는 과정에서 동료혹은 자신과 경쟁한다. 무대에서 공연을 하다 보면 남들의 평가에 예민해지고, 남들과 비교되는 외모나 실력이 늘 스트레스가 된다. 공연무대는 인생에 가장 큰행복을 느끼게 하는 장소이며 동시에 치열한 자기와의 싸움을 벌이는 곳이다.

　무용수에게 가장 불안한 순간은 자신의 기량을 보여주기 위해 무대에 오를 때이다. 아무리 경험이 많은 무용가라 해도 자신의 실력을 평가받는다는 것은 부담스러운 일이다. 무용수가 공연상황에서 두려움을 느껴서 신체, 정서, 인지적 각성 반응이 나타나는 것을 공연불안 혹은 무대불안이라 한다. 이는 공연이라는 상황에서 발생하는 것이기 때문에 공연 상태불안(performing state anxiety), 혹 무대 상태불안(stage state anxiety)이다.

　공연하는 순간 무용수가 위협으로 느끼는 상황이나 조건은 무엇인가? 무대불안을 느끼는 무용수는 지금 이 상황을 어떻게 판단하고 있는가? 불안을 느끼는무용수 개인의 성향이 어떠한가? 불안을 느낄 때 어떠한 반응이 나타나는가? 이러한 것들을 종합적으로 판단하여 무용수가 느끼는 불안의 원인을 이해해야 한다. 무용수행 관련 불안은 첫째, 개인적 특성과 환경적 요구에서 비롯된다. 둘째, 인지, 정서, 신체적 측면에서 나타나는 각성반응이다.

　첫째, 불안은 개인적 성향과 특정한 환경적 요구에 따라 달라진다. 이를 개인의타고난 기질로서의 특성불안(trait anxiety)과 상황에 따른 상태불안(state anxiety)이다(Spielberger, 1966). 무용수가 기질적으로 불안에 민감하다면 동일한 상황 속에서 쉽게 각성수준이 올라간다. 또한 완벽주의 성향이 강한 경우 자신의 내면적기준과 비교하는 과정에서 불안감이 커질 수 있다. 개인적 성향에 따라 주변인들의 인정, 비난, 관객의 반응 등 환경적 자극에 대한 반응정도가 다르다.

환경적 요구에 따라 불안수준이 달라진다. 무용연습, 리허설, 공연 상황에서 불안 반응이 다르게 나타난다. 무용전공 학생들은 리허설 상황에서 불안을 가장 많이 느끼며, 연습시간이 가장 힘들고, 공연 상황에서는 오히려 즐기는 것으로 나타났다(나경아 외, 2011). 무용수에게 가장 큰 스트레스는 아프거나 부상이 발생하는 것이다. 신체적인 고통 자체와 기능적인 문제도 스트레스이지만 그로 인해 공동으로 진행되는 연습에서 빠져야 하며, 자신의 퇴보를 예측한다는 점에서 절망에 가까운 불안을 느낀다. 공연에서의 역할비중도 스트레스가 된다. 공연활동의 특성상 동료들 사이에 경쟁적 상황이 발생하기 때문에 불안이 가중된다.

교사나 안무가의 지시를 절대적으로 수용해야 하는 상황에서도 불안이 야기된다. 무용수의 춤 스타일에 대한 요구가 받아들여지지 않고 안무가의 스타일만 강요하는 것은 무용수에게 스트레스가 된다. 교사로부터 부정적인 피드백을 받게 되면 불안이 커진다(Hanna, 1999). 연습과정에서 교사로부터 모욕을 당한 경험이 무대 공포증을 유발한다(Hamilton, 1997).

특성불안이 높은 무용수들은 동일한 상황에서 각성수준을 낮추도록 노력해야 한다. 불안을 야기하는 조건이나 상황에 대한 주관적 해석이 자율신경계에 영향을 미쳐서 불안한 반응들을 야기하므로 무용수가 외부의 요구에 반응할 충분한 능력이 있다고 스스로 확신하는 태도가 필요하다.

둘째, 인지적, 정서적, 신체적으로 나타나는 불안한 반응은 각성수준을 높인다. 인지적 측면에서 실패에 대한 공포, 공연 평가의 두려움, 신체적 감정적 불만족, 통제할 수 없다는 생각, 외부의 간섭, 죄의식 등이 공연 불안을 불러일으킨다. 낯선 상황, 징크스, 바닥의 상태, 온도, 조명, 무대시설, 관객의 반응, 의상, 소도구 등 공연하는 동안 예측할 수 없는 상황들이 발생하면 인지적 불안감이 커진다. 인지적 불안감은 미래에 대한 위험이나 걱정 그리고 부정적 사고와 관계된 생각이다. 엘리트 발레 무용수들의 경우 신체적인 것보다 인지적 불안으로 방해를 받는다. 인지적 불안감이 공연수행 기량을 많이 약화시킨다(Walker & Nordin-Bates, 2010). 불필요한 걱정을 하느라 여력을 빼앗기게 되면 공연상황에 집중하기 어렵다.

인지적 불안감은 또한 정서적 동요와 신체적 증상으로 증폭된다. 정서적 측면에서는 가상적 위협에 대해 주관적 느낌으로 인한 짜증감, 불쾌감, 긴장감, 우울감,

흥분감과 같은 정서의 과각성 상태를 경험한다. 완벽한 공연목표의 기준에 도달할 수 있는 연습량이 부족하다고 느끼면 실패에 대한 공포가 커진다. 완성된 공연결과를 이루지 못했을 때 받는 비판으로 인해 수치심과 분노가 생길 수 있다. 신체적 통증, 긴장이 느껴지면 불안감이 커진다. 땀이 나고, 배가 아프고, 근육이 경직되고, 몸이 떨리고, 안절부절, 허둥지둥하는 등 불편한 신체증상은 불안을 가중시킨다.

　불안으로 인한 각성수준이 적정하게 유지될 때 긍정적인 결과가 나타난다. 높거나 낮을 때 공연력에 부정적 영향을 준다. 불안적정수준은 개인적 기질과 과제의 난이도와도 밀접한 관계를 갖는다. 특성불안이 높은 사람은 낮은 각성수준에서, 특성불안이 낮은 사람은 상대적으로 높은 각성수준에서 좋은 결과를 낸다. 근력, 지구력, 속도 등이 요구되는 대근육 활동에는 상대적으로 높은 각성수준이 도움이 되고, 협응력과 안정성 그리고 집중력이 요구되는 소근육 동작을 할 때는 상대적으로 낮은 각성수준이 유지되는 것이 좋다. 발레와 같이 대근육 사용이 많은 경우 상대적으로 낮은 각성수준이 도움이 되고, 한국무용처럼 호흡과 섬세한 표현이 필요한 경우 상대적으로 높은 각성수준이 도움이 된다.

　불안한 반응을 각성과 정서(쾌)의 연속체로서 설명할 수 있다. 저각성 불쾌한 상태는 지루함, 저각성 유쾌는 이완, 고각성 유쾌는 흥분, 고각성 불쾌는 불안을 나타낸다. 또한 인지적 불안과 신체적 불안은 각각 공연결과에 미치는 영향이 다르다. 신체적 불안은 공연상황에 대한 조건화된 생리적 활성화 반응으로 적정한

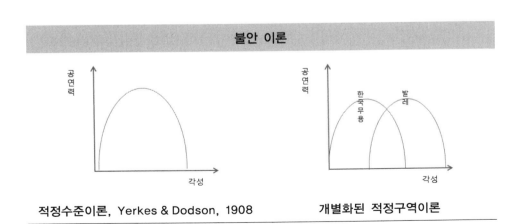

불안 이론

적정수준이론, Yerkes & Dodson, 1908　　　　개별화된 적정구역이론

수준까지는 도움이 된다. 하지만 인지적 불안은 공연에 부정적 영향을 끼친다.

스트레스를 받으면 동공이 확장되고, 심장이 두근거리고, 호흡이 가빠지고, 입이 마르고, 몸에 땀이 난다. 이것은 몸에 에너지를 공급해 주는 생리적 반응이다. 심장이 빨리 뛰는 것은 상황에 대처하기 위한 행동을 준비하는 것이다. 이때 심장혈관이 확장되면 인체에 필요한 혈액과 산소공급이 원활히 이루어지기 때문에 스트레스로부터 몸을 보호하고 심장기능을 강화한다. 스트레스를 건강하게 대처하는 방법은 즐기는 것이다. 스트레스를 즐기면 공급량이 증가한 혈액을 필요한 부분에 원활히 보내줄 수 있도록 혈관이 확장된다. 그러나 불쾌해지면 혈관이 수축되어 평소와 다르게 주의집중력이 변화되고 부정적 신체증상이 나타난다. 스트레스를 받으면 생화학적인 변화와 심리적 증상을 동반하게 되므로 적정수준을 지나칠 경우에는 공연결과에 부정적 영향을 준다.

무용활동 관련 스트레스는 무용수들에게는 도전적인 과업이다. 이것을 내면적으로 어떻게 대처하느냐는 동일한 상황에서 크게 다른 결과를 가져온다. 또한 스트레스를 대처하는 의식적인 전략들이 상황에 따라 다르게 적용될 수 있다. 일반적으로 스트레스를 제공한 문제 자체를 해결하느냐 정서적 고통을 줄이느냐에 따라 방법이 달라진다. 또한 상황에 따라 스트레스를 적극적으로 해결하거나 소극적으로 회피할 수 있다. 흔히 연습 중에는 문제 자체와 적극적으로 대결하는 시도를 하게 되지만, 공연 상황이 다가올수록 자신의 감정이 동요되는 것을 막도록 스트레스를 망각하거나 무시하는 방법도 사용된다. 평상시 자신에게 맞는 호흡, 근육이완 방법, 심상, 자화, 루틴을 개발하여 연습과 공연상황에서 안정적으로 대처할 수 있도록 준비한다. 불안한 정도를 측정하는 방법에는 근전도, 뇌전도, 심전도, 심박수, 혈압 등 생리학적 측정방법과 심리 검사지가 사용된다.

마무리 질문

▷ 무용불안은 무엇인가?

▷ 무용스트레스의 원인은 무엇인가?

▷ 공연(무대)불안은 공연에 어떠한 영향을 주는가?

무용 스트레스 질문

1. 최근 무용 활동과 관련한 스트레스를 받았는가?

전혀	약간	보통	많이	극심
0	1	2	3	4

2. 무용을 하면서 스트레스를 받은 이유는 무엇인가?

부상	연습일정	교사	경쟁상황	무용실력	주변평가	무대공포	경제적 지원
동료	외모	통증	다이어트	부모님	군대	연습부족	진로

기타

3. 스트레스 받을 때 나에게 어떠한 반응이 나타나는가?

생각 _____

감정 _____

행동

4. 스트레스 해소를 위해 내가 하는 주로 하는 일은 무엇인가?

오락 게임	잠	술	담배	폭식	대화	연습 운동	여행	잠적

기타

무대불안 검사

		전혀	약간	다소	매우
1	나의 공연에 집중하기 어렵다.				
2	내 몸에 긴장을 느낀다.				
3	나는 공연을 잘 하지 못할까봐 걱정한다.				
4	내가 무대에서 해야 하는 일에 집중하기 힘들다.				
5	내가 다른 사람들을 실망시킬 것 같아 걱정한다.				
6	나는 위(배)가 경직되는 것을 느낀다.				
7	나는 공연에 집중하지 못한다.				
8	나의 최고기량을 보여주지 못할 것 같아 걱정한다.				
9	내 공연을 망칠까봐 걱정했다.				
10	내 근육(몸)이 떨리는 것을 느낀다.				
11	나는 공연도중에 엉망이 될 것 같아 걱정한다.				
12	내 위(속)가 안 좋은 것을 느낀다.				
13	나는 공연 중에 정신이 멍해진다.				
14	긴장해서 근육(몸)이 경직된 것을 느낀다.				
15	선생님이 말씀해주신 것에 집중하기가 힘들다.				

☐ **점수를 영역별로 계산한다(0-3점).**

신체자각	걱정	집중장애
2, 6, 10, 12, 14	3, 5, 8, 9, 11	1, 4, 7, 13, 15

하위요인별 점수는 0-15점이며, 총점은 0-45점이다.

☐ Sports(Stage) Anxiety Scale-2(SAS-2)

5장 정신훈련

　마음도 훈련이 필요한가? 정신력 훈련을 해보았는가? 마음을 조절하고 마음을 건강하게 돌보는 일은 나무의 뿌리를 돌보는 일이다. 뜨거운 태양 아래 나무가 타들어 가지 않도록 하기 위해서는 나무줄기나 잎이 아니라 뿌리에 충분한 영양과 수분을 공급해 줘야 한다. 보이지 않는 뿌리를 돌봐야 뜨거운 태양 아래 당도 높은 과일이 익어갈 수 있다. 인간의 신체적 조절 능력을 극대화시키기 위해서 눈으로 확인되지 않는 신체기관들을 자극시키는 힘이 정신력이다. 무용수행과정을 이해하고 조절하는 내면의 힘을 길러주는 정신적인 연습은 무용수의 체력소모 없이 기대 이상의 효과를 거두게 해 준다.

　무용 수행에 영향을 주는 심리적 요인들에 관한 연구는 무용수의 특수한 상황을 고려한다(Schnitt & Schnitt, 1987; Schnitt, 1990). 테일러는 무용수에게 실천적으로 적용될 수 있는 심리훈련프로그램을 제안하였다(Taylor, 1995). 몸과 마음이 연결될 수 있도록 안정적인 상태를 유지시키는 것이 심리훈련기법이다. 신체훈련이 신경계에 반복적인 자극과 반응으로 운동제어 체계가 만들어져서 동작을 쉽고 효율적으로 할 수 있는 것처럼 정신적 훈련도 동일한 과정을 통해 발전된다.

　정신훈련의 궁극적 목표는 몸과 마음을 하나로 경험하는 몰입(flow)이다. 이것은 내재적 동기의 특별한 최상의 상태이며, 내면적 만족과 존재적 일체감을 느끼는 행복한 경험이다. 동작이 무의식중에 이뤄지며 육체를 초월하는 황홀한 체험이다. 무용수 정신훈련의 구체적인 목표는 적정한 각성수준을 유지시키고, 감정적 동요를 빠르게 회복시키고, 내적 신념을 강화시키며, 신체적 능력 개선을 위해 신경조절능력을 향상시키고, 몸에 대한 자기인식력 발달시키고, 춤동작 기술연습에 정신적 능력을 사용하도록 하는 것이다.

　정신훈련 방법은 행동적, 정서적, 인지적 측면에서 다뤄진다. 행동적 접근방법은 인체의 자율신경계의 반응을 조절하는 기법이다. 부교감 신경을 자극하는 호흡이나 신체움직임을 발전시킨다. 신체적 각성이 높아졌을 때, 산소섭취량, 심박수, 호흡수, 근육활동을 감소시키고 알파파, 세타파를 활성화시키는 점진적 이완

기법을 사용한다. 인지적 접근방법은 불합리한 신념을 인식하고 논박을 통해 합리적인 신념으로 바꾸는 과정이다. 자신에게 필요한 심상이나 자화를 하는 것도 도움이 된다. 긍정적이고 합리적인 관점에서 통제 가능한 것에만 집중한다. 인지적 접근으로 반복적인 불안 발생 원인을 찾아서 적용해 볼 수 있다. 정신훈련에서는 무용수 스스로가 적극적인 의지를 갖고 해야 효과가 있다. 심상훈련은 무용수행과 관련한 모든 장면을 감각을 동원해서 상상 속에서 경험하는 것이다. 이때 근육 속에 미세한 신경작용이 발달한다.

각성 조절

최적의 각성 상태는 한 개인이 과도한 불안, 자만한 상태, 혹은 지나치게 긴장감이 없는 상태가 아닌 적절한 집중적 상태이다. 만약 충분한 각성상태에 이르지 않았다면, 그때에는 에너지가 부족하고, 의욕이 없는 무관심과 무감각한 상태이다. "난 오늘 그냥 아무것도 하고 싶지 않다."라고 말하는 상태이다. 무용수들의 각성수준이 높아지면 심장박동은 빨라지고, 걱정이 많아지고, 피곤하며, 당황한 모습을 보인다. 반대로 너무 낮다면 심장박동은 느려지고, 움직임이 느려지고 집중력이 변한다.

자신의 각성수준(에너지 수준)을 기억하고 기록하는 것이 좋다. 빨강은 과한 에너지, 노랑은 에너지충전 중, 초록은 적절히 준비됨을 비유해서 자신의 에너지가 좋았던 것을 기억하여 자신의 에너지를 최적으로 만들 때 활용한다. 무용수는 충분한 수면시간, 영양소섭취, 수분섭취, 준비운동, 긴장완화 준비, 긍정적 사고와 함께 자신의 각성상태를 기억해서 유지할 수 있는 습관을 기른다. 최적의 각성 상태를 파악하고 있으면, 그 각성 수준을 다시 경험할 수 있다.

지나친 각성은 근육을 긴장시켜 신체 협응을 어렵게 한다. 또한 주의집중을 변화시킨다. 고각성에서는 주의가 좁아지고 저각성에서는 주의가 넓어진다. 이를 통제하기 위해 원인을 제거, 지각수정, 원인에 적응, 증상을 제거하는 방법을 사용한다. 그러나 공연이라는 불안의 원인제거는 불가능하다. 따라서 자신의 불안에 대한 생각을 바꾸고, 그 상황에서 나타나는 증상을 줄여나간다.

스트레스 상황에 따라 대처하는 의식적인 전략이 달라진다. 연습과정에 있다면 스트레스 상황을 적극적으로 해결해 나갈 수 있다. 그러나 공연상황에서는 그 순간 회피하는 방법도 쓸 수 있다. 스트레스 상황에서 자신의 감정이 동요되는 것을 막을 수 있도록 스트레스를 회피하거나 망각하거나 무시하는 방어 전략이 사용될 수 있다. 순간적인 실수나 돌발적인 상황에서 자신의 능력과 상황 사이에서 순발력 있게 대처해야 한다. 예측할 수 없는 공연상황에서는 경험을 통해 훈련된 정신력이 필요하다.

목표설정

무용전공 학생들은 대부분 국내외 유명 무용단에 입단해서 평생 무용수로서 인생을 살고 싶어 한다. 여학생들의 경우 체중조절, 남학생들의 경우는 군 입대가 가장 큰 고민거리라고 말한다. 이러한 목표를 이루기 위해서는 세부적인 훈련목표와 현실적이고 구체적인 목표가 영역별, 시간별로 정해져야 한다. 무용수로 성장하기 위해서는 보통 10세 전후부터 무용연습이 시작된다. 발레의 경우는 10대에 전문공연에 무용수로 오르는 경우도 있다. 보통 20대에 신체적 기량이 최정상에 이르게 되고 이후 예술세계를 완성시켜 나간다. 30세 이후에는 체력적인 변화가 나타나기 시작하므로 이러한 점을 고려하여 무용인생의 최종목표를 정한다.

목표설정(goal setting)에는 자신이 수행해야 할 무용동작기술 목표도 포함된다. 일단 목표가 설정이 되면, 무용수는 계획을 짜기 시작하고 시간표 혹은 관리계획을 세울 수 있다. 목표들은 단기와 장기 목표로 나뉘어져야 한다. 무용수의 능력 범위 안에서 현실적인 내용으로 정해야 한다. 또한 목표들은 상황에 따라 수정할 수 있도록 융통성이 있어야 한다. 무용수들은 최종 목표를 갖고 있다. 그들의 최종목표는 세계적인 무용가, 세계콩쿠르 1등, 무용단 입단 등이다. 이것을 이룰 수 있도록 과정 목표들도 필요하다. 과정 목표들은 공연수행 능력을 극대화하기 위해 필요하다. 과정 목표들은 무용수의 통제력 범위 내에서 정해져야 한다. 그 목표는 긍정적이고 현실적으로 성취 가능한 것이어야 한다. 그 목표들은 도전적이라면 일정 기간 안에 이뤄나갈 수 있도록 세부목표를 정해야 한다. 자기

평가와 같은 진단을 통해 성취 여부를 지속적으로 확인한다.

자화

자화(self talk)는 부정적 생각을 차단하고 긍정적 생각으로 이끌어 준다. 콩쿠르나 공연 혹은 수업시간에 부정적인 생각을 가질 수 있다. "내가 이 수업에서 제일 못해. 난 결코 캐스팅되지 못할 거야. 난 내 자신이 부끄러워. 내 모습이 끔찍해" 이런 생각이 들면 생각을 정지시킨다. 이런 생각들을 지우거나, 힘들면 "멈춰" "안 돼" "저리 가"와 같은 명령어를 사용한다. "나는 공연을 망칠 것 같아." 라는 생각이 떠오르면 이때 잠깐 멈췄다가 "나는 최선을 다할 거야. 내가 할 수 있는 모든 것을 할 거야. 난 준비됐고, 시도하는 게 두렵지 않아. 이건 좋은 경험이야."라고 말한다.

무용수가 자신감을 가질 때까지 이런 모든 훈련은 개인적으로 진행되는 것이 좋다. 일단 부정적 사고들이 멈춰지면, 긍정적으로 전환한다. "내가 열심히 동작 연습하는 것을 선생님께서 아실 거야. 내가 얼마나 노력하는지 보여드려야지. 집중해서 준비해야지." 만약 바꿀 수 없는 일에 대한 생각이라면, 더욱 어렵다. "난 왼쪽 턴 아웃이 정말 안 돼" "정말 창피해" 이런 부정적 생각들을 어떻게 긍정적으로 바꿀 수 있을까? "나는 감정을 표현하는 능력이 풍부해. 나의 감정을 관중들에게 전달해야지. 관중들도 내가 표현하는 감정을 느낄 거야." 메모지에 긍정적인 생각들을 적어 붙여 놓는다. 이 기술을 스스로 실행하기 위해 연습이 필요하다.

심상

무용의 기본 언어는 이미지이다. 무용수와 관객 모두 무용을 신체적이며 동시에 정신적 이미지의 연속으로 경험한다. 시각화는 실제 경험을 모방하는 경험이다. 시각화는 실제로 생리적 역학적 화학반응을 일으킨다. 효과적인 정신적 이미지(Effective Mental Imagery)는 한 개인의 시각, 청각, 촉각, 정서적 감각과 운동

감각을 통합한다. 인간의 모든 감각을 사용한다. 쉬운 것부터 시작해 본다면, 칫솔을 상상해 본다. 무슨 색인가? 부엌으로 가서 레몬, 칼, 도마를 찾는다. 레몬을 잘라 향기를 맡는다. 그리고 혀에 대 보고 맛을 본다. 혀 어느 부분에서 신맛이 느껴지는가? 피루엣을 한다고 상상해 본다. 준비하고 동작한다. 어느 쪽 관점에서 보이는가? 거울로 보이는가? 선생님 시선에서 도는 모습이 보이는가? 아니면 자신의 내면에서 보이는가? 움직임을 생생히 느낄 수 있고, 소리를 들을 수 있고, 공간을 감지하고, 당신을 둘러싼 공간과 마루를 느껴본다. 심상(imagery)으로 모든 감각들을 이용하여 무용동작과 레퍼토리 연습을 할 수 있다.

동작기술 심상

심상(imagery)은 꿈과 다른 것이며, 온전히 의식을 하는 상태이다. 스포츠 분야 엘리트 선수들은 이 심상 훈련에 하루 8시간을 보내기도 한다. 심상은 아주 숙련된 무용수들이 사용하는 기술이다. 수년에 걸친 연구결과 기량이 뛰어난 수석무용수나 솔리스트들이 평범한 무용수들보다 더 많은 심상 연습을 했다는 것이 밝혀졌다. 신체적 노력이 근신경계에 미치는 효과와 똑같은 효과가 정신적 연습으로도 나타난다. 정신적 연습 후 곧바로 신체적 연습을 한 경우 그 효과는 더 크게 나타난다.

심상은 지치거나 부상을 입었을 때 연습을 위한 수단으로 사용될 수 있다. 심상유형에는 두 가지가 있다. 구체적 심상은 무용수가 동작기술을 상상할 때 혹은 자신의 배역과 작품을 연습할 때 사용된다. 은유적 심상은 모든 감각들을 이용한다. 무용수들은 동작표현을 위해 은유적 이미지들을 많이 사용한다.

무용 심상은 무용수들에게 공연 결과에 대해 긍정적 이미지를 제공하고 불안감을 감소시킬 수 있으며 자신감이 키워준다. 심상 연습에서는 실수 없이 잘하려는 생각보다는 심상 경험을 즐겨야 한다. 무용심상은 치유를 가져온다. 심상은 건강한 무용수들뿐 아니라 부상을 입은 무용수들의 회복에도 중요한 역할을 한다. 또한 안무에 대해 생각하고, 좀 더 표현적이 되도록 돕는다.

호흡과 이완

코를 통해 숨을 들이마시고 복부로 보내는 복식 호흡을 시작해 본다. 손을 복부에 얹고 복부 쪽을 밀어내 본다. 어떻게 공기가 들어오는지 주목한다. 손을 복부에 얹고 복부를 등 쪽으로 밀어본다. 어떻게 공기가 나가는지 주목한다. 이것은 몸을 기능적으로 훈련하는 것이 아니라 심리 기술 훈련이다. 복식호흡을 배운 후, 점진적 호흡훈련으로 복부, 횡격막, 가슴, 그리고 목으로 이어지도록 시도한다. 호흡하기를 통해서 긴장을 푸는 동안에 자기 자신에게 집중하는 것을 알게 된다. 호흡을 하는 동안, 신체 모든 부분에 차례로 집중해 본다. 이것은 아픈 부위를 치유하도록 생기를 불어넣어 준다.

호흡하는 동안 목구멍을 약간 쥔다고 상상하고, 숨을 들이쉬고 내쉼에 따라 약간의 소리를 만든다고 생각한다. 해변의 파도가 들어오고 나가는 장면을 상상해 본다. 호흡 테크닉과 긴장완화 명상을 결합한다. 부교감신경계를 활성화시켜 긴장을 풀어주는 것이다. 공연을 마칠 때까지 요구되는 에너지를 유지하기 위한 것이다. 무용수들에게 발가락을 꽉 쥐었다가 풀도록 한다. 발가락을 꽉 쥐고, 더 꽉, 좀 더 꽉 쥔다. 다시 풀어준다. 무용수들에게 진흙 웅덩이에 서서 발가락을 아래로 쭉 내리는 느낌이라고 말해준다. 아래로 쭉 밀어내고 발가락을 쫙 펴서 진흙이 발가락 사이사이로 빠져 올라오는 걸 느껴본다. 다시 진흙 밖으로 나와 긴장을 풀고 발가락들을 느슨하게 하여 긴장을 푸는 것이 얼마나 좋은지 느껴본다.

이런 식으로 다른 신체 부위에 대해 다양한 이미지들을 이용하면서 연습을 반복한다. 긴장완화는 부정적인 생각들을 멀리하도록 하고 필요한 근육들을 활성화 시킨다. 긴장을 풀어줌으로써 무용수는 에너지를 효율적으로 관리하고 유지하게 된다.

루틴

특정한 목적으로 시행하는 일련의 행동절차는 루틴(routine)이다. 자신의 고유한 습관적 행동절차를 통해 심신의 최적화된 상태를 만든다. 사전에 설정된 동작

순서를 시행하여 수행에 일관성을 준다. 루틴훈련은 자신만의 공연준비를 위해 생활의 리듬을 유지하거나, 불필요한 간섭을 차단시키는 효과가 있다. 공연이 있는 날에 하루 일과를 저녁공연에 맞춰 마치 의식절차처럼 일정한 순서로 생활하는 시간계획을 세울 수 있다. 피겨스케이터 김연아 선수는 긴장하면 스케이트 끈을 꽉 묶는 습관이 있다. 자신의 마음을 안정시키는 특정행동으로 긴장을 조절할 수 있다. 어려운 테크닉 준비동작으로 호흡이나 굴신을 하는 것처럼 자신만의 테크닉 수행을 위한 루틴을 개발할 수 있다.

무용일기

무용일기(dance journaling)는 정신기술을 계발하는 데 있어 효과적인 도구이다. 훈련내용 확인하고 목표를 설정하고 단기계획을 세우는 데 도움이 된다. 훈련과정에서 주요사항을 기록하고 변화를 확인하는 자료가 된다. 하루 활동목표에 초점을 맞추는 데 도움이 된다. 무용수는 교사가 지도해 준 내용을 기록해서 기억할 수 있고, 개선점을 찾는 데 도움이 된다. 무용수는 안무가의 특별한 수정이나 지시사항을 기록하여 반영해본 결과를 기록한다.

마음챙김

방해 없이 과제에 더 몰두할수록 긍정적인 결과가 나온다. 게슈탈트 훈련은 바로 여기 그리고 지금에 머무르는 것이다. 마음챙김이란 현 시점의 목적을 이루기 위한 특별한 방법에 주의를 집중하는 것이고 동시에 편협한 개인적 판단을 하지 않는다. 마음챙김(mindfulness)은 많은 공식적 명상 연습들에 의해 개발된 의식이다. 신체 스캔, 의식적 요가, 좌식 명상 그리고 호흡과 같은 연습이다. 마음챙김은 거슬리는 생각들을 없애는 데 활용될 수 있다(Robson, 2010, 2016).

정신훈련을 위해 자신에게 필요한 방법들을 적용해 보고 발전시키는 힘은 전적으로 자신의 의지에 달려있다. 정신훈련 과정은 남들에게 드러나는 부분이 아니지만 꾸준히 실천하면 분명한 행동변화가 나타난다. 체력소모 없이 심상으로 동작연습을 할 수 있다. 동일한 상황에서 좀 더 여유 있게 대처한다거나, 감정적 동요가 생겨도 회복되는 시간이 짧아진다. 자신에게 어떠한 필요가 느껴진다면 정신훈련에 대해 기대감을 갖고 실천해보자.

아무리 훌륭한 무용수라도 훈련과정에서 끊임없이 지적받고 비교되는 상황에 놓인다. 정신훈련에서 나의 강점에 집중하고 미래를 긍정적으로 바라보는 태도가 중요하다. 우선 현재적 시점에서 나를 인정하는 것이다. 첫째, 아! 내가 스트레스를 받았구나, 스트레스에 반응하는 것을 보니 내 몸과 마음이 스트레스와 싸울 준비를 하는 구나! 라고 즉각적으로 알아차리는 것이 좋다. 이것으로도 불필요한 긴장을 줄일 수 있다. 둘째, 그 이유를 찾아본다. 내가 이렇게 반응하는 것의 근본적 이유 그리고 내 안에 유지되어 온 '핵심신념'이 무엇인지 찾아본다. 그리고 이것을 찾아내면 합리적인 생각으로 논박을 시도해 본다. 셋째, 다른 사람과의 언어적 상호작용을 시도해 본다. 신뢰할 수 있는 관계에 있는 사람에게 자신의 감정과 생각을 털어놓는다. 인간은 누구나 타인의 관심, 돌봄, 지지를 추구한다. 최근 연구는 관계형성과 상호작용이 스트레스 회복을 빠르게 한다는 결과들을 보고한다. 인간의 사회적 본능에 대한 연구는 옥시토신(oxytocin) 호르몬 분비와 관련된 생리적 증거들을 제시한다. 넷째, 심신이완요법이나 명상을 통해 몸과 마음을 통합체로 조절하는 것이다. 최근 요가, 필라테스 등을 통해 신체를 조절하는 정신적 힘을 이용하는 방법들도 다양하게 시도되고 있다.

마무리 질문

▷ 무용수 정신훈련의 목표는 무엇인가?

▷ 무용수를 위한 정신훈련 방법에는 어떤 것이 있는가?

▷ 내가 실천할 수 있는 정신훈련은 어떤 것인가?

자화	
나에게 필요한 단어를 써보자	
감사	
격려	
목표	
노력	
자세	
무용동작	

심상	
나에게 필요한 심상을 만들어보자.	
동작기술 학습	
자신감 향상	
재활	
공연불안 조절	
각성조절	

호흡과 이완		
목표		
신체	**이완방법**	**호흡**
목, 척추		
어깨, 팔		
복부, 다리		

루틴	
목표	

심리조절 루틴	생활 루틴
집중	오전
긴장조절	
자신감	오후
동기	밤

정신훈련 일지						
목표						
훈련 내용	**유형**					
	횟수	주 ( )회		**수준**	적응 발전 수련	
	시간	( )시간 ( )분				

유형 ＼ 날짜						

Ⅲ 무용수의 체력

6장 심폐지구력

7장 근력

8장 유연성

9장 신체구성

10장 영양섭취

나는 체력이 좋은가?
체력강화를 위한 운동을 실천하고 있는가?
체력훈련이 필요하다고 생각하는가?

기초체력 핵심전략
▶ 기초체력 운동을 일상적 루틴에 포함시키자
▶ 자신에게 맞는 유산소 운동을 개발하자
▶ 체력강화를 위한 운동일지, 식사일지를 쓰자
▶ 허리통증을 이해하고 허리강화 운동방법을 적용하자
▶ 근육량과 체지방률을 체크하자
▶ 균형잡힌 영양섭취를 위해 인스턴트를 줄이자
▶ 굶지 말고 도시락을 챙기자
▶ 물병을 가지고 다니자
▶ 나만의 체력(유산소-근력-스트레칭) 운동 순서 정해서 실천하자
▶ 함께 훈련할 친구를 만들자

무용수에게 기초체력 훈련은 필요한가? 무용수의 체력훈련은 어떻게 해야 하나? 무용수에게 필요한 체력적 요소는 무엇인가? 무용수들이 유연성은 높지만, 전반적인 체력이 낮다고 평가된다. 체력이 좋아야 건강하고 무용 활동도 지치지 않고 지속할 수 있다. 흔히 '저 무용수는 체력이 좋다', '리허설과 공연을 버텨내기 위해 체력을 길러야 한다', '나이가 들면서 체력이 떨어졌다' 등의 표현을 쓴다. 체력은 생활의 기반이 되는 신체 능력으로 긴장이나 피로, 질병을 이겨낼 수 있는 능력이다. 건강하고 활력 넘치는 생활을 하려면 좋은 체력을 유지해야 한다. 기초 체력 요소에는 근력, 심폐지구력, 근지구력, 유연성, 신체구성이 포함된다. 동작기술을 발휘하는 데 필요한 신체적 능력은 민첩성, 평형성, 순발력, 조정력, 협응력이다. 체력이 약화되면 지적·정신적 생활과 사회생활 등이 모두 위축되고 심하면 생명에 위협이 된다. 무용수의 경우 부상을 예방하고 재활과정을 성공하기 위해서도 기초체력이 중요하다.

심폐지구력은 지속적인 운동을 하는 근육으로 산소와 영양소를 효과적으로 전달하는 순환계와 호흡계의 능력을 말한다. 심폐지구력이 강화되면 1회 심장박동으로 더 많은 피를 공급하며, 혈압상승 안정화, 대사 활동이 활성화 된다. 유산소 훈련은 인체의 산화방지에 도움이 되고 저산소성 스트레스를 낮춘다. 운동을 시작하게 되면 정상시보다 근육의 산소요구량과 노폐물 제거 요구량이 많아진다. 심폐지구력이 우수한 경우 순환계와 호흡계의 협동작용으로 조직에서 대사 과정에 의해 생성된 노폐물을 제거하고 조직으로 산소와 영양소를 효과적으로 공급한다.

근력은 근육이나 근조직이 한 번에 최대 발휘할 수 있는 근육의 힘이다. 근육세포의 사이즈와 근육세포를 활성화시키는 신경능력이 근력을 좌우한다. 강한 근육은 일상 활동, 골격의 적절한 배열, 허리와 다리 통증, 좋은 자세를 유지하는데 필수적이다. 근력이 좋으면 점프하고, 돌고, 다리를 강하게 차는 동작기술을 쉽게 한다. 근육조직은 신체구성 전반에 중요한 요소이다. 좋은 근육질량은 대사율을 높이고 더 빠르게 에너지를 사용한다. 또한 산화스트레스를 줄이고 세포의 파워하우스인 미토콘드리아를 유지시킨다. 근력강화훈련은 스트레스를 조절하고 자신감을 높인다.

근지구력은 주어진 강도의 운동을 지속할 수 있는 시간의 길이로 표현된다. 공연시간 동안 지속적인 힘을 발휘하는 것에 가장 방해되는 요인은 피로이다. 지구력은 쉽게 피로해지지 않거나 피로한 상태에서도 운동을 지속할 수 있는 능력이다. 윗몸일으키기, 턱걸이, 팔굽혀펴기, 오래 매달리기 등은 근지구력의 측정방법이다. 이는 근육세포의 크기, 에너지를 저장하는 근육 능력, 근육에 혈액을 공급하는 능력에 달려있다. 근지구력은 좋은 자세와 부상방지에 중요하다. 예를 들어 다리를 들어 올리거나 점프를 할 때, 복부근육과 등 근육이 척추를 올바르게 받쳐주지 못하면 허리 통증과 등에 부상당하는 경우가 증가한다. 몸통의 근지구력이 좋으면 등의 통증을 예방하고 장시간 무용연습을 할 수 있는 힘이 유지된다.

유연성은 관절의 가동범위를 자유롭게 움직일 수 있는 능력이다. 관절구조, 연결조직의 탄성과 길이, 행동신경체계가 유연성을 결정한다. 통증 없는 관절의 유연성은 신체의 자세를 바르고 기능적으로 만든다. 나이가 들면 노화로 인한 관절 경직이 생긴다. 경직은 신체자세를 변형시키고, 관절과 근육에 스트레스를 준다. 스트레칭운동은 주요 관절의 건강한 움직임 범위를 확보하게 한다. 일반적으로

기초 체력	
심폐지구력	산소와 영양소를 효과적으로 전달하는 순환계와 호흡계의 능력
근력	근육이 단 한 번에 발휘할 수 있는 최대의 힘
근지구력	주어진 강도의 운동을 지속할 수 있는 힘
유연성	관절의 가동범위를 자유롭게 움직일 수 있는 능력
신체구성	신체 내의 지방과 비지방 질량의 비율

관절의 가동 범위와 근육이나 관절 주변 조직의 신장 능력에 의해 결정되는 체력요소로 근육·관절·인대의 상태와 직접적인 관계가 있다. 따라서 신체의 유연성이 향상되면 운동의 효율성이 좋아지는 것은 물론 근육과 인대의 부상 위험을 감소시킨다. 서서 혹은 앉아서 윗몸 앞으로 굽히기, 엎드려 윗몸 일으키기 등의 동작은 전신 스트레칭에 도움이 된다.

신체구성은 신체 내의 지방과 근육, 뼈, 물 등 제지방 질량의 비율을 말한다. 건강한 몸의 구성은 높은 제지방 질량과 낮은 체지방을 말한다. 과체중 특히 복부 과지방은 심장질환, 인슐린감소, 고혈압, 뇌졸중, 관절문제, 당뇨, 담낭질환, 암 등 건강문제를 낳는다. 지방감소에는 식사와 운동을 포함한 생활방식이 가장 도움이 된다. 신체구성은 큰 변화가 아니라 약간의 운동량을 증가시키고 지방섭취를 줄이는 노력으로 개선된다.

일상생활 수준을 넘어서는 고난이도의 기초체력과 함께 근신경작용을 조정하는 기술체력 능력이 있어야 무용동작수행을 수월하게 할 수 있다. 동작기술 관련 체력은 짧은 시간 안에 움직임의 속도를 조절하는 수행능력이다. 힘과 속도를 조절해서 빠르게 순간적인 힘을 생산해내는 능력으로서 민첩성, 균형감, 협응력, 순발력이 이에 속한다.

동작 기술력	
민첩성	신속한 방향전환 능력
균형감	안정된 자세를 유지하는 능력
협응력	각 분절을 조화롭게 통제하는 능력
순발력	짧은 시간에 폭발적인 힘을 발휘하는 능력

민첩성은 신체자세를 빠르고 정확하게 바꾸는 능력이다. 자극에 대하여 재빠르게 반응하거나, 신체의 위치를 재빨리 바꾸거나, 방향전환을 민첩하게 하는 능력을 말한다. 신경근 작용으로 근수축의 속도와 관련된 기술이다. 테니스, 탁구, 배구, 줄넘기 등은 민첩성이 요구된다.

균형감은 움직이거나 고정된 상태로 신체를 유지하는 능력이며, 체조나 무용에서 중요하게 활용된다. 신체의 균형 및 안정된 자세를 유지하는 것으로써 평균대 위에서 하는 체조나 발레의 아라베스크 펑쉐 동작에 필요한 체력요소이다. 측정 방법으로는 눈감고 한 발로 서있기, 평균대 위에서 걷기 등이 있다.

협응력은 운동과제를 신체움직임과 동작감각을 사용하여 정확하고 매끈하게 수행하는 능력이다. 신체의 움직임을 세련되고 정확하게 할 수 있도록 각 분절을 조화롭게 움직이는 능력이다. 몸 전체를 신속하고 능률적으로 조정하고 통제할 수 있는 능력이며, 여러 감각 기관을 연결시키는 지각능력과 인지능력을 동시에 요구한다.

순발력은 가능한 짧은 시간에 폭발적인 힘을 발휘할 수 있는 능력이다. 따라서 순간적으로 힘을 쓰는 동작을 통해 발달된다. 단거리 달리기, 연속점프, 계단 오르내리기, 줄넘기, 높이뛰기, 멀리뛰기 등이 순발력을 키워준다.

6장 심폐지구력

무용수에게 유산소 운동이 왜 필요한가? 유산소 운동은 어떻게 해야 하는가? 운동할 때 신체에 필요한 에너지는 음식을 섭취하여 만든 영양분이 혈액을 통해 공급된다. 유산소 운동할 때 1분 동안 심장에서 어느 정도의 피가 펌프 될까? 50리터 정도이다. 휴식할 때는 10리터가 펌프 되는 것과 비교하면 5배의 혈액이 증가된 것이다. 평

소에는 20%의 혈액이 근육에 공급되다가 운동할 때는 혈액의 90%가 근육에 공급된다. 이처럼 운동할 때 심장에서 방출되는 혈액과 근육에 공급되는 혈액의 증가로 힘을 발휘한다.

심폐지구력은 심장이나 폐 기관이 오랜 기간에 걸쳐 운동을 하더라도 피로를 느끼지 않는 생리적인 능력이며, 운동에 필요한 에너지를 공급해 주는 능력이다. 심장, 혈관, 호흡계로 구성된 심폐체계는 산소, 영양분과 노폐물을 순환시킨다. 최대산소소비량을 통해 그 능력을 측정한다. 개인이 최고 산소 소비율은 신체가 최대로 노력하는 동안 나타나는 능력이다. 심폐지구력이 강화되면 면역력이 높아지고, 불안과 우울한 정서에 긍정적 영향을 미친다. 수면이나 창의적인 정신활동에도 도움을 준다. 세포 대사 향상, 암, 당뇨, 골다공증 등 만성질환 위험을 감소시킨다.

운동원리

유산소 운동은 신체활동에 필수적인 요소인 산소운반능력을 향상시킨다. 유산

소운동은 산소를 근육으로 전달해주고 심장, 혈관, 혈액 등의 순환기능을 증진시켜주며, 폐나 기관지 등의 호흡능력을 향상시켜 산소섭취능력을 향상시킨다. 심폐지구력을 효과적으로 증진시키려면 신체의 큰 근육을 사용하여 리듬감과 지속성이 있는 전신운동을 한다. 지속적인 리듬으로 행해지는 대근육 운동으로 인해 근력이 강화되어 일상생활에 활력을 준다. 유산소 운동은 대사기능을 향상시켜 체중조절을 가능하게 한다. 강도에 따라 다양한 운동을 선택해서 할 수 있다. 걷기, 달리기는 일상생활 속에서 쉽게 언제나 할 수 있는 유산소 운동이다. 줄넘기, 자전거, 수영, 등산 등 자신의 취미에 맞게 다양한 방법으로 즐길 수 있다.

휴식 없이 자전거, 스텝퍼, 러닝머신 등을 30~50분간 계속적으로 운동을 지속하는 방법은 체온의 상승, 신경피로, 최대 운동량을 경험하게 하여 신체를 힘든 운동에 적응시킨다. 운동 사이에 충분한 휴식을 취하며 반복하는 운동은 300~500m 달리기 등을 일정한 속도로 달리고 난 후 충분한 휴식을 취하고 다시 달린다. 이 운동은 운동거리나 속도에 따라 운동능력을 향상시키지만, 운동 초기단계나 몸이 허약할 경우 권장하지 않는다. 운동 중간에 불충분한 휴식을 주고 실시하는 운동은 인터벌 트레이닝이다. 달리다가 천천히 걷는 동작을 교대로 하는 방법은 운동에 대한 적응력이 생기도록 하는 방법이며, 지구력을 키우기에 좋다.

유산소 운동은 웜업, 쿨다운에 적합한 신체활동이다. 웜업으로 근육의 온도를 약간 올리면 신체근육활동이 좋아진다. 그리고 수행력을 강화하고 부상을 막는다. 활동하는 근육에 피를 빠르게 공급하고 증가된 심장 박동에 적응시킨다. 관절의 표면에 윤활유를 제공한다. 대부분의 웜업은 5-10분 정도가 적당하지만 개인취향, 체력수준, 무용수업의 내용에 따라 달라진다.

쿨다운은 일상 상태로 신체가 회복되는 데 중요하다. 근육으로 과잉 공급되었던 혈액을 심장과 뇌로 원활하게 공급되도록 흐름을 유지하고 활성화된 근육활동을 정상적인 수준으로 돌아오도록 한다. 이때 운동을 갑자기 중단하면 혈압이 급격히 떨어지고 현기증이 나는 등 일시적 심폐기능 저하가 올 수 있다. 쿨다운은 활동을 감소시키는 5-10분 동안 한다. 심박과 호흡 순환이 정상으로 돌아오게 하는 모든 운동을 한다. 쿨다운 동안 운동 강도를 점차 떨어뜨려줄 수 있도록 한다. 뛰고 있었다면 속도를 줄여준다. 쿨 다운은 분당 심박수가 100번 이하로 떨어질 때까지 한다.

건강과 체력증진을 위해 운동 강도를 기록하면서 운동을 한다. 운동 간격이 길어지면 운동능력 소실이 오기 때문에 규칙적 훈련을 한다. 고강도 운동은 거부감을 일으켜 운동을 중단하게 하므로 오랜 시간 저, 중강도로 하여 점차 최대산소비율을 개선시키는 것이 좋다. 운동계획을 세울 때 강도를 점진적으로 높여나가며, 모든 운동을 매일 동일한 강도로 훈련하는 것보다 하루 강하게 하루는 약하게 하는 것이 좋다. 유산소 운동을 할 때는 빠른 음악이 운동에 도움이 된다. 빠른 음악이 운동에 미치는 영향에 대한 실험에서 빠른 음악을 들을 때 운동을 더 열심히 하며, 느린 음악을 들을 때는 운동을 덜 한다는 연구결과가 나타났다. 유산소 운동은 세포 대사를 향상시켜 체지방을 조절해줌으로 체중을 줄이는 데 효과적이다. 여성무용수들은 대부분 저체중이기 때문에 장시간 운동할 경우 근 손실을 주의해야 한다.

심폐지구력을 위한 가능한 시도를 생각해 본다. 심폐지구력 테스트를 해보고 10-15분 걷기, 조깅, 자전거 등 짧은 운동을 시작해본다. 신체활동을 나중에 할 계획이 있다면, 물을 마시고, 지금 운동을 위해 완전히 수분섭취를 했다는 마음으로 뛰어본다. 유산소 운동을 위해 운동화를 신고 다니거나 줄넘기를 구입해 본다. 심폐지구력 향상을 위해 걷는 시간을 늘리고, 엘리베이터 대신 계단을 오르내리는 등 일상생활 속에서 새로운 도전을 계획해 본다. 무용실기 연습 전에 웜업으로 가볍게 줄넘기를 하거나 제자리에서 리드미컬하게 걷고 뛰는 유산소 운동을 실천한 결과 실기 수업에 활력을 얻게 되었다면 체력훈련을 잘 적용한 것이다.

운동방법

신체에 유익하다 해도 자신의 상태와 환경에 맞는 현실적 목표를 세우는 것이 중요하다. 개인의 수준에 맞는 빈도, 강도, 운동지속기간을 고려한다. 빈도는 최소 일주일에 중간강도 150분, 격렬한 신체활동은 일주일에 최소 75분 정도해야 체력이 향상된다. 대부분의 전문가들은 심폐지구력을 키우기 위해 한 주에 3-5번 운동을 권한다. 안 하는 것보다 낫지만, 강도를 매우 높게 하지 않는 경우 3일 이내 연습은 체력 향상이 어렵다. 미국 대학 스포츠 의학 기준에 따르면, 목표 심박수는 최대심박수의 65-90% 사이로 해야 좋다. 최대심박수(Maximum heart rate, MHR)

는 220에서 나이를 뺀 값이다. 이 기준에 의하여 20-24세 성인의 목표 심박수 범위는 10초에 21-30회이다.

운동 중 심박수를 측정하는 방법은 운동을 하다가 잠시 걷거나 운동을 멈추고 목 부분의 경동맥이나 손목의 요골동맥에서 10초간 맥박을 측정하여 6을 곱하여 1분 동안의 심박수를 계산한다. 일반적으로 운동 중 1분당 심박수가 110회 이상은 되어야 심폐지구력을 증진시킬 수 있다. 운동 중 심박수가 분당 155회가 넘어가면 심장에 부담을 주거나 근육에 무리를 줄 수 있다.

훈련시간은 하루 총 20-60분을 권한다. 한 세션은 10분 이상 해야 한다. 총시간은 강도에 좌우된다. 걷거나 천천히 수영하는 저, 중 강도에서는 30-60분 한다. 목표 심박수의 최고에 해당하는 고강도는 20분이면 충분하다. 최고산소소비량 90% 이상의 최고 강도 운동 5-10분은 심폐지구력을 향상시킨다. 그러나 고강도 훈련 특히 고도의 충격활동에는 부상위험이 따른다. 또한 고강도 운동은 거부감을 일으켜 운동을 지속시키기 어렵게 한다. 오랜 시간 저, 중강도의 활동이 심폐지구력 향상에 도움이 된다. 운동계획을 세울 때 낮은 강도 활동을 점진적으로 높여나가는 것이 바람직하다.

유산소 운동은 향상에 따라 연습내용을 조절해야 한다. 1단계는 운동에 적응을 시도하는 초기단계이며, 3-6주 지속되는 기간 동안 최저 목표심박수로 운동한다. 시작할 때는 한주에 3-4일 자기에게 맞는 강도로 한다. 몸이 약한 경우 10-20분 정도 시행할 수 있으나 보통은 30-40분 정도 한다. 이 단계에서는 새로운 운동루틴에 유산소 운동을 포함시키는 것이 좋다. 지나친 피로나 근육통이 없이 한 주 4-5일, 30-40분 동안 할 수 있게 되면 한 단계 높여 도전해 본다.

2단계는 운동량을 증가시켜 나가는 진보 단계이며, 4-6달 동안 진행한다. 이 단계에서 목표 체력수준에 도달할 때까지 느리게 점진적으로 과부하를 시도한다. 과부하를 너무 빠르게 진행시키지 않도록 한 세션에서 강도와 시간을 함께 높이거나, 한 주에 세 가지 변인(빈도, 강도, 유형) 모두를 증가시키지 말아야 한다. 2-3주마다 5-10분 증가하는 것이 적절하다. 무엇보다도 즐겁게 운동하기 위해서는 근육통이나 피로가 심해지지 않도록 조절해야 한다. 운동 강도를 조절하면서 매일 훈련에서 진보된 것을 관찰하고 기록한다.

3단계는 향상된 운동능력을 유지하는 단계이다. 운동을 지속해서 체력을 유지하려면 매주 비연속적으로 최소 2-3일 비슷한 강도로 운동해야 한다. 운동을 중지하면 빠른 속도로 체력이 손실된다. 운동을 쉬게 되면 기초단계부터 다시 시작해서 다시 체력을 천천히 체계적으로 만들어야 한다. 유지 단계에 도달하면 새로운 목표를 만들고 동기를 유지하도록 프로그램을 조정한다. 프로그램에 다양성을 추가하는 것이 필요하다. 크로스트레이닝이나 서킷트레이닝 등 지구력을 향상시키는 운동을 시도해 본다. 이런 다양한 시도는 운동을 통한 즐거움을 주며, 운동 강도를 높였을 때 특정 신체부분 과사용으로 인한 부상을 방지한다. 주 5일 동안 1-2시간 달리기를 했다면, 3회로 줄이고 2회는 자전거 타기, 계단 오르기, 등산 등으로 시도해 보는 것이 좋다. 유산소 운동은 공기 좋은 곳에서 하는 것이 좋으며, 땀이 나고 체온 변화가 생기므로 저체온증을 고려한다. 전신운동이며, 주로 대근육 운동이므로 신발의 상태도 중요하게 살펴야 한다.

목표심박수

어느 정도로 운동해야 하는가를 결정하는 것은 운동 중에 심박수와 운동 강도의 관계로 설명된다. 적정 운동 강도는 운동 중 심박수 범위로 결정된다. 목표심박수는 운동을 위해 정해 놓은 심박수이다. 운동 중 그 수준을 유지하도록 미리 파악한다. 운동 강도를 알려주는 검사 방법에는 운동부하검사, 최대심박수, 여유심박수, 자각적 운동강도 등이 있다.

운동부하 검사 결과를 이용한 방법은 운동부하 검사를 통해 최대산소섭취량 또는 최대운동능력을 직접 측정하여 목표심박수를 찾는다. 가장 정확한 방법이지만 검사에 따른 복잡성과 어려움이 있다. 비만으로 심폐기능이 떨어져 있거나 심혈관질환, 당뇨병 등의 합병증이 우려되는 경우에는 운동에 대한 위험 여부를 확인하기 위해 반드시 실시한다. 운동부하 검사를 통해 전문가의 진단에 따라 적정 운동 강도 범위를 결정해야 한다.

목표 심박수	
운동부하검사	운동 부하검사를 통해 최대산소섭취량을 직접 측정한다.
최대 심박수	최대 심박수에 목표로 하는 운동 강도의 백분율을 곱한다. 체력이 낮음 : 220 - 나이 = 예측 최대 심박수 체력이 우수 : 205 - 나이 / 2 = 예측 최대 심박수
자각적 운동강도	운동 중 자신이 느끼는 운동에 대한 느낌을 통해 운동 강도를 측정한다.

　최대심박수를 이용해 목표심박수를 구하는 방법은 운동 중 최대산소섭취량 백분율과 최대 심박수 백분율 간에 비례관계가 있다는 점에 근거한다. 최대 심박수에 목표로 하는 운동 강도의 백분율을 곱해 목표심박수를 구하는 방법이다. 예를 들어 최대심박수가 분당 200회이고 운동 강도 기준이 최대심박수의 70%인 경우에 목표박수는 200 × 0.7 = 140회 / 분이다. 운동부하 검사를 통해 더 이상하기 힘든 순간 자신의 최대능력을 모두 발휘한 상태의 최대심박수를 직접 측정할 수 있다. 이 방법은 허약한 사람들에게 활용하기가 어렵다. 최대심박수는 일반적으로 220에서 나이를 뺀 값을 값으로 계산한다. 건강한 20대를 기준으로, 초기단계 운동 목표 심박수는 최대심박수의 50%, 유지단계는 70-85%로 한다.

　자각적 운동강도를 이용한 방법은 운동 중 자신이 느끼는 운동에 대한 느낌을 통해 운동 강도를 파악하는 방법이다. 정확성은 떨어지나, 운동하는 사람 스스로가 실제적으로 활용하기에 수월하며 반복된 연습에 의해 정확성을 높여갈 수 있다. 규칙적인 운동을 하는 사람들에게는 편리하게 사용된다. 자신의 최대운동능력의 중간강도로 할 때, 자각적 운동 강도는 '조금 힘들다'이다. 높은 고강도인 경우 '힘들다' 또는 '매우 힘들다'고 느낀다.

　심박수는 맥박을 통해 측정한다. 심장이 한 번 뛸 때마다 일정한 양의 혈액을 내보내는데 이 혈액이 동맥을 통해 맥박을 만든다. 1분 동안의 맥박 횟수가 기준이 된다. 맥박은 여러 위치에서 측정할 수 있다. 팔목의 요골동맥이나 목 쪽의 경동맥에 손가락을 대고 측정한다. 맥박을 잴 때, 팔을 편안하게 내려놓고 손바닥을 위로 향하게 한다. 손목 안쪽 요골동맥을 손가락으로 누른다. 맥박이 규칙적으

운동 강도 기준		
	중간강도	고강도
최대심박수	55–69%	70–90%
자각정도	다소 힘듦	힘듦, 매우 힘듦
말하기 테스트	말하기가 다소 힘듦	짧은 문장 말하기 힘듦

로 유지된다면 30초 동안 맥박 수를 세어 2배를 하면 1분 동안의 맥박수를 얻는다. 불규칙한 경우에는 60초 동안 측정해야 한다. 성인의 정상 심박수는 1분에 60–100박이다.

심폐지구력은 최대산소소비량 테스트를 통해 측정 할 수 있다. 최대산소소비량은 운동할 때 산소 소비율을 나타내는 능력이다. 운동 후에 정상맥박으로 돌아오는 정도(회복심박률)는 심폐지구력 측정을 위한 척도이다. 일정한 속도로 연속해서 스텝을 한 후에 회복되는 심박수를 측정해서 계산한다. 최대산소소비량의 간단한 측정방법으로는 1.6km 걷기, 2.4km 걷기뛰기, 12분 수영테스트, 3분 스텝테스트 등이 있다. 운동 후에 빨리 정상 맥박으로 돌아오는 경우는 심폐지구력이 좋은 것이다. 심박수가 낮게 유지되고 빨리 회복되는 사람은 체력이 좋다.

마무리 질문

▷ 운동할 때 신체에서 소모되는 에너지는 어떻게 공급되는가?
▷ 심폐지구력이 향상되면 무용할 때 어떤 유익이 있는가?
▷ 유산소 운동은 어떻게 해야 하는가?
▷ 유산소 운동을 할 때, 운동 강도는 어떻게 측정하는가?
▷ 내가 실천할 수 있는 유산소 운동은 어떤 것인가?

심폐지구력 측정

준비   스텝 계단(40cm), 스톱워치, 메트로놈

연습 스텝을 속도에 맞춰 시행한다.
각 스텝은 4박으로 시행한다.
남자는 메트로놈 분당 96비트(분당 24스텝)
여자는 메트로놈 분당 88비트(분당 22스텝)

측정방법   테스트 전에 가볍게 걷거나 뛰면서 웜업한다.
메트로놈에 맞춰 동작을 하고, 시작과 끝 신호에 따른다.
정확한 페이스로 3분간 지속해서 스텝을 실시한다.
3분 후 멈춰서 선채로 15초 동안 맥박을 잰다.
검사 후 천천히 걸으면서 쿨다운한다.

계산공식   15초간 맥박수를 4로 곱해서 회복심박수를 계산한다.
회복심박수를 공식에 대입해서 계산한다.
남자 $111.33 - (0.42 \times 회복심박수)$
여자 $65.81 - (0.1847 \times 회복심박수)$

결과   18-29세 기준(신체 피트니스 전문가 매뉴얼, 2002)

	매우 나쁨	나쁨	보통	좋음	매우 좋음	우수
여	31.6 아래	31.6-35.4	35.5-39.4	39.5-43.9	44.0-50.1	50.1 이상
남	38.1 이하	38.1-42.1	42.2-45.6	45.7-51.0	51.1-56.1	56.1 이상

운동 일지

목표							
운동 내용	유형						
	횟수	주 ( )회			**수준**	저 중 고	
	시간	( )시간 ( )분					

운동＼날짜							
	강도						
	시간						
	거리						
	강도						
	시간						
	거리						
	강도						
	시간						
	거리						
	강도						
	시간						
	거리						
	강도						
	시간						
	거리						
	강도						
	시간						
	거리						

7장 근력

무용수들에게 웨이트 트레이닝이 필요한가? 무용수들에게 맞는 근력운동은 어떻게 해야 하는가? 여성무용수들이 웨이트 트레이닝을 하면 몸매관리에 어떤 도움이 될까? 웨이트 트레이닝을 할 때, 호흡을 어떻게 하는 것이 좋은가?

인체 내의 근육으로 동작의 강도를 조절하고 반복할 수 있는 힘이 유지된다. 기초체력으로서의 근육의 힘은 근력과 근지구력으로 설명된다. 근력이란 근육이나, 근조직이 단 한 번에 발휘할 수 있는 최대의 힘이다. 근지구력은 주어진 강도의 운동을 지속할 수 있는 시간의 길이다. 오랫동안 근 수축을 유지하거나, 수축을 반복할 수 있는 힘을 말한다. 공연시간 동안 지속적인 힘을 발휘하는 데 방해 요인은 피로이다. 근지구력은 쉽게 피로해지지 않거나 피로한 상태에서도 운동을 지속할 수 있는 능력을 갖게 한다.

무용수들에게 근력운동에서 코어강화가 중요하다. 기능적이면서 동시에 미학적 측면에서 코어의 힘이 강해져야 한다. 코어강화는 제12 늑골 아래로부터 장골극에 이르는 복부의 사각형 부분을 단단히 유지시키는 것으로써 복횡근(transverse abdominus), 횡격막(diaphragm), 골반저근(pelvic floor), 다열근(multifidous)이 수축하여 요추를 지지해주는 형태이다 그 밖에도 전신의 근력강화가 동작기술에 유익을 준다. 무용수들은 평소 훈련하는 테크닉에 관련된 근육만 발달하는 경향이 있으므로, 사용되지 않던 부분의 근육운동을 보완해 주어야 한다. 전신의 균형적 운동을 이해하고 운동 방법을 구체화하여 적용해보면 동작수행에서 효율성과 안정성을 느끼게 된다.

근육의 구조와 기능을 이해하면 자신의 몸이 움직일 때, 정확한 근신경 조절에 도움이 된다. 근육의 불균형을 바로잡으려면 자신의 몸에 대한 인식력이 높아져야 한다. 근육의 균형은 상체와 하체의 균형, 척추를 중심으로 우측과 좌측의 균형이 맞아야 한다. 또한 심부 근육과 표층 근육 작용이 조화를 이뤄야 하며, 몸통에서는 가슴과 등근육, 복부와 허리 근육이 균등한 힘으로 유지되어야 한다. 골반에서 발바닥까지 이어져 내려오는 하지 근육들은 체중을 지탱하고 공간을 이동

근육 균형				
상체 근육	〉	=	〈	하체 근육
오른쪽 근육	〉	=	〈	왼쪽 근육
속 근육	〉	=	〈	겉 근육
가슴 근육	〉	=	〈	등 근육
복부 근육	〉	=	〈	허리 근육
다리 앞쪽	〉	=	〈	다리 뒤쪽
다리 안쪽	〉	=	〈	다리 바깥쪽

하면서 다양한 기교를 하는 중요한 부분이다. 하지의 앞뒤, 안팎의 근육들이 균형적으로 발달하도록 근력운동에 신경을 써야 한다.

　근육은 신체구성의 40% 이상을 차지한다. 신체 움직임은 대부분 근육의 힘으로 유지된다. 잘 발달된 근육은 무용동작을 쉽게 할 수 있게 하며, 부상이나 다른 측면에서 건강한 무용 활동에 도움이 된다. 근력은 신체구성, 건강한 자아상, 근골격 건강, 대사적 건강, 강인함, 남성에게 질병으로 인한 문제 발생률을 낮춰준다. 근력이 좋은 사람은 일상생활에서 자신이 원하는 동작을 쉽게 해낼 수 있다. 공연연습 시간 동안 지치지 않고 활력 있게 동작을 수행해내며, 무용수를 들어 올리고, 리허설과 공연이 끝날 때까지 근육의 힘을 유지한다. 어떤 수준의 훈련과 테크닉 수업도 즐길 수 있게 된다.

　여성 무용수들은 웨이트 트레이닝으로 근육크기가 커지고 체중이 증가할 것을 걱정하게 된다. 무용수들 특히 여성무용수들은 근육이 크게 발달하는 것을 원하지 않으며, 동일한 자세를 유지하거나 반복해야 하는 근력운동을 지루하게 생각한다. 그러나 근력운동은 남녀 무용수 모두의 바디이미지를 향상시킨다. 남성들은 테스토스테론 수치가 높아 큰 근육이 쉽게 생긴다. 그러나 여성들은 테스토스테론 수치가 낮기 때문에 보통 강도의 웨이트 트레이닝으로는 큰 근육들을 키우거나 체중이 증가되지 않는다. 근력운동으로 여성은 섬세한 근육, 남성은 크고 강한 근육을 발달시킬 수 있다. 들어 올리는 무게와 반복횟수가 증가되는 것을 기록해 나가면 근력운동에 대한 동기와 자신감을 높일 수 있다.

　근력은 좋은 자세를 유지시키고 무용동작을 할 때, 적합한 힘을 쓸 수 있게 해 준다. 힙, 복부, 허리, 다리의 근력과 근지구력은 척추의 정렬을 바르게 유지시켜 서 허리의 통증을 막아준다. 근력과 지구력 훈련은 건과 인대 관절세포를 강하게 해서 부상을 막는다. 일반적으로 30세 이후에 근손실이 오기 때문에 10대와 같은

근육			
어깨	속	회선건판	
	겉	삼각근	
가슴	앞	소흉근, 대흉근	
	뒤	승모근, 능형근	
팔	앞	상완이두근	
	뒤	상완삼두근	
허리-팔		광배근	
몸통	앞	복직, 복사, 복횡근	
	뒤	척추기립근	
허리-다리		장요근	
고관절	속	이상, 쌍자, 폐쇄, 대퇴방형근	
	겉	대둔, 중둔, 소둔근	
다리	앞	대퇴사두근, 봉공근	
	뒤	햄스트링	
	안	내전근, 박근	
	밖	대퇴근막장근	

앞면　　뒷면

점프력을 기대할 수 없다. 무용수들은 30세 이후 체력저하로 점점 부상을 입을 가능성이 높아진다. 웨이트 트레이닝으로 모든 대근육 그룹을 점진적으로 발전시켜 나가도록 훈련하면 부상을 예방할 수 있다.

　건강한 체구성은 근육이 많고 지방이 적은 것이다. 근력훈련은 지방을 줄이고 근육을 늘린다. 대사율은 근육 양에 달려있기 때문에 근력훈련을 열심히 하는 정도에 따라 대사율을 15%까지 올릴 수 있다. 저항운동은 근육온도를 상승시켜서 웨이트 트레이닝 시간동안 열량 연소를 증가시킨다. 꾸준한 근력훈련은 글루코스 대사 향상, 최대산소 소비 증가, 혈압을 낮추고 HDL콜레스테롤의 증가, LDL 콜레스테롤을 감소시켜 혈관건강을 향상시킨다.

운동원리

　근력을 발달시키는 운동은 저항훈련(resistance training) 혹은 웨이트 트레이닝이다. 근력운동을 할 때, 근육의 저항을 높이거나, 무게를 들어 올릴 때, 최대근력을 얻기 위해 숨을 참게 된다. 그러나 숨을 참으면서 들어 올리면 혈압을 상승시키게 되고 심장으로 가는 피의 흐름을 감소시켜서 위험하다. 웨이트 트레이닝을 하는 동안 일상적으로 천천히 호흡해야 한다. 근육을 가장 강하게 수축하는 힘을 발휘하는 순간 숨을 내쉬는 것이 바람직하다. 근육은 골격을 움직이는 힘으로 신체를 움직인다. 근육이 수축할 때 근육의 길이가 짧아져서 뼈를 근육에 붙여주는 건(tendon)을 당기면서 골격을 움직인다. 근육이 이완할 때는 반대로 길이가 길어진다. 건의 긴장이 풀어지고 뼈는 제자리 처음 위치로 돌아간다. 근육을 수축할 때 호흡 방법은 코로 마시고 내쉴 때 "하", "호", "스" 등의 소리를 이용해 근육수축을 돕는다. 흉식 호흡으로 마시는 호흡에 폐가 커지고 흉곽이 팽창하고 횡경막이 복부 쪽으로 내려간다. 내쉬는 호흡에는 복압의 저항을 이용하여 흉곽을 모으면서 코어를 단단하게 수축하는 힘으로 사지에 힘을 전달한다.

　근육은 다발로 연결된 근육세포 개체 혹은 근섬유들로 구성된다. 하나의 근육은 많은 근섬유 다발들 그리고 섬유들을 함께 잡아주는 연결된 조직 층들에 의해 덮여있다. 근섬유들은 근원섬유라고 불리는 더 작은 단백질 구조로 구성된다. 근원섬유는 액틴과 미오신으로 구성된다. 근세포가 수축할 때, 미오신과 액틴이 엇갈려 미끄러지면서 피스톤 운동을 한다. 근력운동은 근원섬유를 증가시켜 보다 큰 근섬유 개체를 만든다. 큰 근섬유들은 크고 강한 힘을 발휘한다. 근육의 발달은 근세포 증식이라는 근섬유(cell, muscle fiber)가 증가하는 것이다. 각각의 근육세포(근섬유)는 근육수축에 요구되는 구조단백질과 효소생산을 결정하는 유전정보를 지닌 많은 핵을 지닌다.

지근섬유(slow-twitch muscle fibers)들은 상대적으로 피로에 저항력이 있다. 그러나 속근섬유보다 빨리, 강하게 수축하지 못한다. 에너지체계의 원리에서 보면 지근 섬유들은 붉은 빛이며, 유산소성으로 연소된다. 속근섬유(fast-twitch muscle fibers)는 일반적으로 흰색이며 보다 빨리 강하게 수축한다. 그러나 보다 빨리 지친다. 속근섬유들이 연소되는 에너지체계에서 산소는 중요하지만 지근섬유보다 대사에서 비산소성이다.

대부분의 근육들은 지근과 속근 섬유를 포함한다. 섬유들의 유형의 비율은 근육마다, 개인마다 매우 다양하다. 그리고 훈련기간이나 비활성화 기간에 따라 근섬유 수축이 달라지지만 그 비율은 대부분 유전적으로 결정된다. 특정 활동에 사용되는 근섬유의 유형은 요구되는 운동행동 유형에 의해 결정된다. 조깅과 같은 근지구력활동은 지근 섬유를 사용한다. 반면 단거리 질주와 같은 힘찬 활동은 속근 섬유들을 사용한다.

움직임을 일으키는 운동신경은 하나 혹 그 이상의 근섬유와 연결된다. 힘을 발휘할 때, 근육은 하나 혹은 그 이상의 운동 단위(motor units)로 수축한다. 운동단위는 수많은 근육섬유들을 연결시키는 신경작용으로 움직인다. 하나의 운동단위에 포함된 근섬유들의 수는 두 개에서 수백 개에 이른다. 작은 운동단위는 지근섬유를 포함한다. 반면 큰 운동단위는 속근섬유를 포함한다. 하나의 동작단위가 수축하는 섬유들을 부르면 모든 섬유들은 전력을 다해 수축한다. 동원되는 운동단위의 수는 요구되는 힘의 양에 의해 결정된다. 작은 무게를 들면 큰 무게를 들 때보다 적은 운동단위가 동원된다. 근육 학습의 관점에서 보면, 근육의 힘을 증가시키는 근력훈련으로 운동단위를 동원하는 신체능력이 향상된다.

근수축작용에는 정적수축과 동적수축이 있다. 정적수축은 일종의 등척성(isometric) 운동이다. 근수축이 일어나지만 움직임의 변화가 없이 근육길이와 관절 각도를 유지하는 수축이다. 이는 역동적인 관절범위를 향상시키는 운동은 아니다. 모든 움직임에서 보면 다른 근육들이 역동적으로 수축하게 하기 위해서 어떤 근육들은 골격을 움직이지 않도록 유지시키는 수축을 해야 한다. 아라베스크를 하거나 점프를 할 때 복부근육은 코어를 안정화시키고, 등 근육은 척추를 안정화시킨다. 이 안정성은 몸통의 강력한 등척성 수축으로 가능하다. 여성무용수를 머리 위로 들어 올리는 동작의 마지막 순간에 코어근육은 정적으로 수축한다. 정적인 수축은 부상이나 수술 후에 관절에 압박을 주는 동작을 할 수 없을 때, 근육을 강화시키는 운동으로 활용된다. 정적수축은 개인의 움직임 범위 안에서 약점을 극복하는데 도움이 된다. 약한 부분의 정적 수축은 역동적 동작을 하는 동안 더 무거운 것을 들게 한다. 최대 근력을 얻기 위해 6초 간 최대로 등척성 수축을 2-10회 반복하면 효과가 있다.

　동적 수축(dynamic exercise)은 등장성(isotonic)운동이다. 근육 길이를 변화시키는 수축이다. 가장 다양하고 근력 향상을 위한 가장 대중적인 운동이다. 그리고 다른 신체활동 형태로 전이시킬 수 있어 근력 향상에 가장 도움이 된다. 웨이트 기계나 프리 웨이트로 할 수 있으며, 푸쉬업이나 몸통 굽히기 등 자신의 신체 무게로도 할 수 있다. 수축할 때 근길이가 짧아지면서 저항을 이기는 충분한 힘을 발휘할 때 단축성(concentric) 근육 수축이 일어난다. 수축할 때 근육의 길이가 길어지고 근육에 적용되는 힘에 더 큰 저항이 발생하는 것은 신장성(eccentric) 근육수축이다. 암컬 동작에서 팔을 펼 때는 신장성 수축을 한다. 이때 저항이 증가하므로 통증이 커진다. 무용수는 무대 위에서 긴 선을 보여주기 위해 길게 수축하는 것이 중요하다. 척추와 팔을 늘리면서 하는 신장성 수축을 한다. 등장성 운동기구는 움직임 관절범위를 다르게 조정하여 저항을 이용할 수 있다. 등장성운동은 근력과 근지구력운동으로 활용된다.

운동방법

　근력운동에서도 점진적 과부화 원리를 고려한다. 운동 빈도는 일반적인 체력을 위해 일주일에 비연속적으로 최소 2일을 권한다. 운동 사이에 최소 하루는 근육을 쉬게 한다. 훈련을 너무 자주하면 근육은 충분한 강도로 체력을 향상시키는 운동을 할 수 없다. 그리고 통증과 부상을 얻기 쉽다. 만약 운동을 더 자주 하고 싶다면 매일매일 다른 근육 군을 운동한다. 예를 들어 하루는 팔과 상체 운동을 했다면, 다음날은 하체운동, 그 다음날 다시 상체운동을 한다.

강도는 좋은 자세로 반복할 때 피로해지는 만큼의 무게를 선택한다. 웨이트 트레이닝에서 들어 올리는 무게의 양, 저항의 크기는 심폐지구력 훈련의 강도와 마찬가지이다. 몸이 웨이트트레이닝에 어떻게 적응하느냐 그리고 얼마나 빨리 회복이 일어나느냐에 의해 결정된다. 근육이 피곤함을 느끼는 무게를 선택해야 하지만 좋은 자세로 반복을 수행할 수 있을 정도로 조정해야 한다. 근력을 키우려면 최대능력의 80% 정도 무게를 들어 올려야 한다. 지구력을 키우려면 좀 가벼운 (1RM repetition maximum의 40-60%) 무게로 반복 횟수를 늘린다. 예를 들어 레그 프레스의 1RM이 70kg이라면 근력을 키우기 위해 56kg, 지구력을 위해 35kg의 무게를 사용한다. 근력과 지구력 모두를 발전시키는 일반적인 체력프로그램에서는 1RM의 70% 혹은 고강도 훈련에서는 80%를 8-10회 운동하고, 저강도는 60%로 15-20회 동안 반복한다. 이러한 루틴은 빠른 근육, 느린 근육 모두를 발달시킨다. 개별운동의 반복가능한 수에 근거해서 무게를 고르는 것이 좋다.

근력운동 시간은 반복과 세트구성으로 조절한다. 개별 운동은 8-12회, 낮은 강도 10-15회, 빠른 근력향상을 위해 1회 이상 반복한다. 운동 사이 1, 2분 휴식한다. 반복 횟수는 저항 무게에 따른 피로감으로 정한다. 무거우면 반복을 줄인다. 일반적으로 무거운 저반복 운동은 반복횟수가 1-5회이며 근력을 키우고 속근섬유에 과부하된다. 가벼운 고반복 운동은 반복횟수가 15-20회이며 지구력을 기르고 지근섬유들에 과부하된다. 그래서 일반적 체력프로그램은 이 둘을 절충해서 각 운동에서 8-12회 반복한다. 복근 크런치나 뒤꿈치 올리는 동작은 더 많이 반복한다. 근력이 약한 사람들은 부상방지를 위해 가벼운 무게로 횟수를 10-15회로 한다.

세트는 연습의 반복단위를 말하며 중간에 휴식을 한다. 각 운동의 단일 세트에서 근육이 피로감을 충분히 느끼도록 저항운동을 해야 한다. 대부분 웨이트트레이닝에서 최소 3세트를 한다. 세트 사이에는 근육이 회복되도록 충분한 휴식을 한다. 간격은 저항의 힘의 크기에 따른다. 근력과 지구력이 함께 발전을 위해서 휴식은 1-3분간 세트와 세트 사이에 쉰다. 근력을 키우기 위해 더 무거운 것을 드는 경우 세트 사이에 3-5분간 쉰다. 다른 운동의 세트를 그 사이에 하면서 시간을 절약할 수 있다. 다른 근육 그룹이 작동할 동안 활동한 근육군을 쉬게 한다. 운동의 크기는 반복×무게×세트이다. 예를 들어 이두근 암컬 운동을 20kg로 10번 반복, 3세트 했다면 운동의 크기는 600kg이다(3×10×20=600).

근력운동은 웨이트 기계나 프리웨이트 기구를 이용하여 정적 혹은 동적수축운동을 다양하게 할 수 있다. 8-10개의 주요근육 그룹을 중심으로 근력훈련을 한다. 어깨, 팔, 가슴, 등, 허리, 복부, 대퇴, 둔부, 종아리 부분을 골고루 돌아가면서 단련한다. 정적수축 동적 수축은 각각 그리고 동시에 실천해 볼 수 있다. 정적 운동은 기구가 필요 없어서 어디서나 할 수 있다. 빠르게 근력을 만들고, 부상당한 관절 재활에 유용하다. 동적수축은 기구를 이용하거나 맨몸으로 운동이 가능하다. 근력과 지구력강화에 좋으며 관절의 전 가동범위를 사용하는 근력을 키운다. 필라테스에서 실행하는 코어운동처럼 동적수축과 정적수축을 함께 할 수도 있다. 헌드레드 동작에서 복근이 정적수축을 하는 동시에 팔은 호흡에 따라 동적수축을 한다.

웨이트 기계와 프리웨이트 기구 운동으로 저항력을 조정하여 근육을 강하게 한다. 프리웨이트는 자신의 체중 혹 덤벨이나 바벨을 사용하여 저항을 만든다. 사람들이 웨이트 기계를 선호하는 이유는 안전하고 사용이 편리하기 때문이다. 저항을 정해서 앉아서 할 수 있고, 특정 근육을 정확히 사용하도록 쉽게 구분되어있다. 몸을 지탱해 주는 받침대가 있어 돕는 사람이 없어도 무게를 떨어뜨릴 염려 없이 안전하게 무게를 증가시킬 수 있다. 프리웨이트는 주의를 기울여서 몸의 균형을 맞춰야 하며, 무게가 높아지면 도움이 필요하다. 그러나 실제생활에 적용되는 것이 더 수월하다. 프리웨이트는 스포츠분야에 기능적 근력을 발전시키는 운동선수에게 그리고 특히 큰 힘을 요구하는 운동에 활용된다. 프리웨이트는 집에서나 어디서든 장소에 구애를 받지 않고 편리하게 할 수 있다. 프리웨이트와 웨이트 기계를 사용하는 일반적인 근력훈련에서 중요한 것은 안전한 방법으로 하는 것이다.

탄력밴드는 가볍고 휴대도 간편해서 다양한 프리웨이트 운동에 활용된다. 밴드를 밟고 서서 양손에 잡고 팔을 접으면서 상완이두 운동을 할 수 있다. 공은 물리치료분야에서 사용했으나 점차 대중화되었다. 전신운동에 활용되지만 특히 복부의 코어안정화나 가슴운동 등에 사용한다. 불안정한 공 위에 앉아 몸의 균형을 잡는 방법으로 심부근육 운동을 하게 된다. 필라테스는 독일출신으로 다양한 신체활동 경험을 가진 죠셉 필라테스(Joseph Pilates)가 20세기 초에 발전시켰다. 필라테스운동은 움직임을 지지해 주는 단단한 기초를 잡아주도록 코어근육을 단련시킨다. 전신의 균형적 발달에 유용한 저항훈련이며 매트운동과 기구운동이 있다.

근력운동에서 주동근과 길항근 사이의 균형이 중요하다. 주동근이 수축할 때 반대편 근육은 이완되고 길어져서 주동근 수축을 돕는다. 옆으로 팔을 들어 올리는 동작 후에 밴치프레스를 하면 어깨근육이 피로해져서 잘 할 수 없다. 근수축운동 후에 반대 방향으로 스트레칭운동을 하나의 시퀀스로 연결한다. 몸의 회복력을 초과하는 오버트레이닝은 무거운 저항운동으로 발생한다. 심한 오버트레이닝을 하면 발전이 없거나, 후퇴, 만성피로, 협응력 저하, 만성적 근육통이 나타난다. 최고의 방법은 쉬는 것이다. 운동 사이에 회복을 위해 더 쉬어야 한다. 쉬는 것으로 다시 훈련할 수 있는 준비가 되도록 한다.

지연성 근육통

평소 사용하지 않던 근육을 무리하게 사용하면 근육 섬유에 미세한 파열이 일어나 통증을 유발한다. 오랜만에 운동을 했거나, 운동의 강도를 급격하게 올려서 운동을 했을 경우에 일반적으로 근육통이 오게 된다. 운동을 한 날에는 아프지 않다가 다음날 통증이 시작된다. 운동 후 12시간 이후에 발생하는데 보통 2-3일 사이에 가장 심한 통증을 발생하고, 보통 3-4일 정도 지나면 통증이 사라진다. 이것을 지연성 근육통(DOMS : Delayed Onset Muscle Soreness)이라 한다. 운동이 끝난 후에 시간이 경과되어 운동을 실시한 부위에서 느껴지는 통증현상이며 운동 중에 근육조직, 결합조직이 손상되어 나타나는 급성염증반응이다. 이 지연성 근육통은 건강과 상관없이 나타나는 근육의 일반적인 반응이다. 이러한 통증은 단축성 수축보다는 신장성 수축운동에서 많이 나타난다.

지연성 근육통(DOMS)은 근육을 움직이거나 압박이 가해졌을 때 통증이 있으며 움직임이 없는 휴식에는 통증이 없다. 지연성 근육통이 왔을 때, 통증부위를 쉬게 해야 한다. 근육통 발생 후 운동가동 범위에 제한을 받을 수 있으므로 스트레칭을 실시하여 유연성을 유지해야 하며 마사지나 가벼운 유산소 운동으로 혈액순환을 도와 근육통을 풀어준다.

근육을 발달시키기 위해 단백질 보충제를 사용하기도 하는데 고른 영양섭취가 더 좋다. 건강보조 식품들은 미국 FDA에서 관리하고 있으나 약물처럼 엄격한 규정을 적용하지 않는다. 내용물이 적절한 성분으로 조제되었는가, 권장기준에 맞는가, 오염물질로부터 안전한가를 보장할 수 없으므로 보충제와 약에 대해 신중히 선택한다.

근력측정은 들어올릴 수 있는 최대 무게로 한 번에 들어 올릴 수 있는 힘을 측정한다. 시도하기 전에 적응연습이 필요하며, 6-12주 사이에 향상을 재평가 한다. 정확한 측정을 위해 48시간 전에 심한 웨이트트레이닝은 피한다. 근지구력은 근육수축을 유지하는 최대 시간이나 반복횟수로 측정한다. 근지구력의 측정방법으로는 윗몸일으키기, 턱걸이, 팔굽혀펴기, 오래 매달리기 등이 있다.

마무리 질문

▷ 근육균형이란 무엇인가?

▷ 근력이 향상되면 무용할 때 어떤 유익이 있는가?

▷ 근력을 향상시키려면 어떻게 운동해야 하는가?

▷ 운동 강도를 높였을 때, 다음날 아픈 이유는 무엇인가?

▷ 나에게 필요한 근력운동은 어떤 것인가?

근력 테스트

[1] 코어

1. 프랭크 *plank*

1-1. 전면 프랭크 *front plank*

60초 이상 바른 자세를 유지한다.

1-2. 다리 들고 전면 프랭크 *raised leg plank*

20초 이상 바른 자세를 유지한다.

근력 테스트

1-3. 팔 들고 전면 프랭크 *raised arm plank*

20초 이상 바른 자세를 유지한다.

2. 측면 프랭크 *side plank*

60초 이상 바른 자세를 유지한다.

근력 테스트

3. 크런치 *crunch*

60초 이상 바른 자세를 유지한다.

4. 다리 내리기 *leg lowering*

다리를 내릴 때 허리를 바닥에 밀착한다.

근력 테스트

[2] 다리

1. 스쿼트 *squat*

60초 이상 바른 자세를 유지한다.

2. 한 발씩 스텝하기 *single leg step up*

15회 반복하는 동안 바른 자세를 유지한다.   양쪽 다리의 균형을 관찰한다.

근력 테스트

3. 한 발 런지 *single leg lunge*

15회 반복하는 동안 바른 자세를 유지한다.   양쪽 다리의 균형을 관찰한다.

4. 를르베 *relevé*

20회 반복하는 동안 바른 자세를 유지한다.   양쪽 다리의 균형을 관찰한다.

근력 테스트

[3] 상체

1. 팔굽혀펴기 *push up*

60회 이상 동작을 수행한다.

2. 무릎 대고 팔굽혀펴기 *short lever push up*

40회 이상 동작을 수행한다.

웨이트 운동

[1] 가슴

1. 벤치 프레스 *bench press*

2. 푸쉬 업 *push up*

[2] 등

1. 데드 리프트 *dead lift*

2. 로우 *row*

웨이트 운동

3. 풀 다운 *Pull down*

4. 백 익스텐션 *back extension*

[3] 어깨

1. 레터럴 레이즈 *lateral raise*   2. 프론트 레이즈 *front raise*

웨이트 운동

3. 숄더 프레스 *shoulder press*

[4] 팔

1. 암 컬 *arm curl*

2. 킥 백 *kick back*

웨이트 운동

[5] 다리

1. 스쿼트 *squat*

2. 런지 *lunge*

3. 브릿지 원 레그 컬 *bridge one leg curl*

웨이트 운동

4. 로터리 힙 *rotary hip*

5. 족배굴곡 *dorsiflexion* / 족저굴곡 *plantar flexion*

[6] 복부(코어)

1. 전면 프랭크 *front plank* / 2. 측면 프랭크 *side plank*

웨이트 운동

3. 싯 업 *sit up*

4. 크런치 *crunch*

5. 레그 레이즈 *leg raise*

운동 일지						
목표						
운동 내용	유형					
	횟수	주 ( )회		수준	저 중 고	
	시간	( )시간 ( )분				

운동 \ 날짜						
	무게					
	반복					
	세트					
	무게					
	반복					
	세트					
	무게					
	반복					
	세트					
	무게					
	반복					
	세트					
	무게					
	반복					
	세트					
	무게					
	반복					
	세트					

8장 유연성

　　무용수는 유연한가? 유연성이 좋으면 무용수행에 어떤 도움이 될까? 유연성 향상을 위해 어떤 운동을 해야 하나? 유연성 운동은 언제, 어떻게 하는 것이 효과적일까? 무용수들은 유연성 운동을 선호하는 편이다. 평소에도 신체 움직임을 자유자재로 하기 위해 관절의 가동범위를 극대화시키는 노력을 한다. 신체의 유연성은 뼈와 근육의 구조적인 측면에서 이해되어야 한다. 관절모양과 근조직의 탄성을 이해하고 몸의 가동범위를 알아야 진짜 유연한 몸을 가질 수 있다.

　　첫째, 유연성은 관절의 형태적 특성과 밀접한 관련을 갖는다. 관절가동범위는 관절을 구성하는 뼈의 수, 운동 축, 뼈의 모양에 의해 결정된다. 일반적으로 무릎이나 팔꿈치처럼 한쪽 방향으로 접혔다 펴지는 경첩관절은 굴곡, 신전만 가능하다. 완전히 폈을 때 더 이상 움직이지 않도록 하여 관절을 보호한다. 고관절은 여러 방향으로 자유로운 움직임이 가능한 절구모양으로 끼워져 있다. 고관절은 몸통을

관절 운동	
굴곡(flexion)	관절을 중심으로 두 뼈의 각을 좁히는 운동
신전(extension)	굴곡의 반대운동으로 관절의 각도가 커지며, 180도에 근접하면 완전한 신전
내전(adduction)	신체의 중심선인 정중면으로 가까이 오는 운동
외전(abduction)	신체의 중심선인 정중면에서 신체의 일부분을 멀리하는 운동
회전(rotation)	횡단면에서 발생하며, 인체의 장축이나 인체분절에 대한 축으로 도는 운동
회선(circumduction)	굴곡, 신전, 외전, 내전동작이 연속적으로 복합된 운동 팔, 다리, 목 등의 신체의 일부로 원을 그리는 운동
회내(pronation)	손등을 안쪽으로 향하게 하는 운동
회외(supination)	손바닥이 바깥쪽으로 향하게 하는 운동
내번(inversion)	발뒤꿈치의 발바닥이 안쪽을 향하는 운동
외번(eversion)	발뒤꿈치의 발바닥이 바깥쪽을 향하는 운동

안정적으로 세워주는 동시에 굴곡-신전, 외전-내전, 회전이 가능하여 동작기교를 구사하는데 중요한 부분이다. 고관절은 광범위한 운동범위를 가졌으나, 개인과 성별에 따라 차이가 나타난다. 여성이 특정관절에서 남성보다 더 큰 유연성을 갖는다.

어깨관절은 쇄골, 견갑골, 상완골이 만나는 구조이며 헐겁게 지탱하는 형태이다. 어깨관절은 안정감은 적지만 고관절보다 더욱 섬세하게 움직일 수 있어 춤동작 표현에 중요하다. 주요 관절은 관절낭으로 싸여있으며, 관절의 강도와 안정을 유지하지만 움직임을 제한한다. 관절낭의 안과 밖에 있는 인대는 관절을 강화해준다.

둘째, 유연성은 근육의 탄성과 길이에 의해 결정된다. 피부, 근육, 건, 인대 등 부드러운 연결조직이 관절유연성을 제한한다. 근육조직은 유연성 발전에 중요한 역할을 한다. 유연성과 관련된 가장 중요한 근조직 구성요소는 전체 근육들에 둘러싸여 있는 개별 근섬유의 연결조직이다. 연결조직은 구조적 탄성을 지닌다. 연결조직에는 구조와 지지를 제공하는 흰 섬유들인 콜라겐과 탄성과 유연성을 제공하는 노란섬유인 엘라스틴이 있다. 근조직은 이러한 두 섬유의 속성을 나타낸다. 최근 연구는 근육의 구조적 단백질이 탄력적 속성을 지니며 유연성에 기여한다고 밝혔다. 근육이 늘어날 때, 물결처럼 엘라스틴 섬유가 펴졌다가 스트레칭이 이완될 때 빠르게 휴식자세로 회복된다. 부드럽고 규칙적인 스트레칭을 하면 이러한 연결조직은 늘어나고 유연성이 향상된다. 반대로 규칙적인 스트레칭을 하지 않으면 이 조직은 짧아지고 유연성이 줄어든다.

관절을 지지하는 근육이나 다른 조직들이 타이트할 때 관절은 비정상적인 스트레스로 인해 악화된다. 타이트한 대퇴근육은 슬개골에 지나친 압력을 줘서 관절에 있는 민감한 연골세포를 악화시킨다. 이처럼 유연성이 부족하면 관절의 가동범위를 제한하기 때문에 부상 위험이 높아진다. 그러나 관절을 안정시키는 힘이 없이 지나치게 유연한 경우도 위험하다. 유연성은 근력과 밀접한 연관이 있다. 유연성운동은 신체를 대칭적으로 만들어 신체자세와 균형을 유지하는데 도움이 된다. 불균형한 자세를 바로잡아 주면 근육 손상을 막아주기 때문에 관절통증을 경감시키고 부상방지에 도움이 된다. 올바른 유연성 운동은 모든 관절범위에서 기능을 자유롭게 만든다.

무용수들은 다리로 기교적인 동작을 많이 한다. 뛰어오르고, 돌고, 한 쪽 다리를 들어 올리는 동작을 반복하기 때문에 엉덩이 근육이 늘 긴장한다. 이로 인해 고관절 유연성이 저하되면 다리기교를 제대로 수행할 수 없다. 중둔근에서 다리 외측으로 내려오는 대퇴근막장근이 타이트 해지고 관절부위의 조직이 부딪혀서 소리를 내는 힙스내핑도 부분적인 유연성 부족현상이다.

무용수들은 주요관절 가동성을 개선하도록 심부근육을 강화에 주의를 기울여야 한다. 첫째, 척추관절의 가동범위를 개선하기 위해 코어 힘을 기른다. 둘째, 골반과 고관절주변의 가동범위의 균형을 맞추도록 고관절 심부근육 기능을 개선한다. 셋째, 견갑골 움직임을 자유롭게 하도록 회선건판의 기능을 강화한다.

척추유연성

무용수의 몸은 유연하지만 특정관절 부분의 압박이 지속되면 관절가동성이 떨어지고 통증과 부상의 원인이 되기도 한다. 특히 체중의 압박을 받는 허리 부분에 문제가 많이 발생한다. 허리통증은 일반인은 물론 무용수에게도 흔한 증상이다. 척추는 체중과 중력 사이에서 몸을 지탱하고 상지와 하지를 연결하고 있어 신체관절 중에서 압박이 가장 많은 부위이다. 무용수들이 춤을 출 때 과도한 관절각도로 하지를 움직이거나 갑작스런 체중이동을 하면 허리압박이 더욱 커진다. 척추 사이의 추간판이 눌려서 신경을 압박하면 통증을 느끼게 된다. 엉덩이와 무릎의 유연성은 동작을 하는 동안 척추의 과도한 움직임을 보호한다. 그래서 척추, 골반, 다리의 근력과 유연성은 척추건강에 중요하다.

척추(Vertebral Column)는 몸통을 이루는 중심골격이다. 위로는 뇌를 받치고 팔과 다리를 이어준다. 또한 뇌로부터 나오는 신경들을 보호하고 있다. 두개골 아래에서 시작되어 목 부분에 경추 7개, 등 부분에 흉추 12개, 허리부분에 5개의 요추, 엉덩이 뒷부분에 천골과 미골이 연결되어 있다. 척추 뼈들은 추간판에 의해 연결되어 전후, 좌우, 회전 등 모든 방향으로 움직임이 가능하다. 흉추부분은 늑골로 연결되어 몸통 내부의 장기들을 보호하도록 굴곡기능이 제한된다. 경추

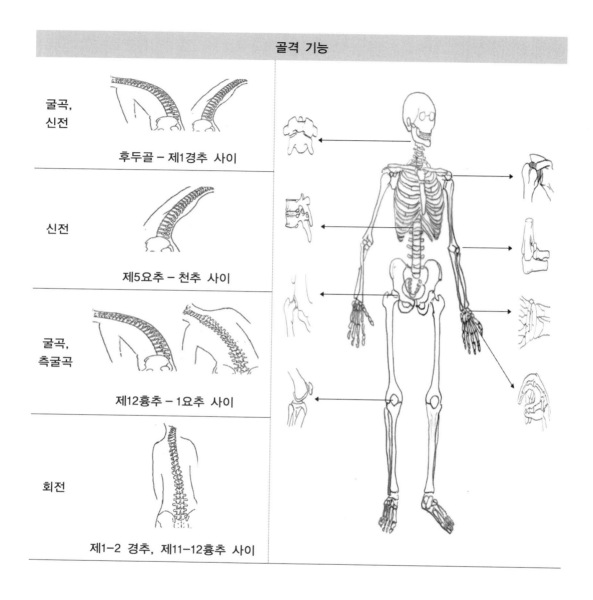

골격 기능

굴곡, 신전	후두골 – 제1경추 사이
신전	제5요추 – 천추 사이
굴곡, 측굴곡	제12흉추 – 1요추 사이
회전	제1-2 경추, 제11-12흉추 사이

와 요추는 움직임이 자유롭기 때문에 안정성을 더욱 고려해야 한다. 척추 마디를 연결하는 지점의 가동성을 이해하면 보다 안전하고 효율적으로 움직일 수 있다. 두개골 아래에서 경추1번 사이는 신전과 굴곡의 과잉가동성이 나타나며, 경추1번과 2번 사이는 회전이 가능한 구조이다. 경추 7번과 흉추 1번 사이는 굴곡과잉이 나타난다. 흉추 11번과 12 사이에서는 회전이 나타난다. 흉추 12번과 요추 1번 사이에서는 굴곡과 측굴 과잉가동성, 요추 5번과 천골 사이는 신전과잉 가동성이

나타난다.

척추뼈 사이에 있는 추간판은 수핵과 섬유륜으로 되어있다. 얇은 막으로 추체에 부착되어 척추에 가해지는 압력을 분산시킨다. 몸을 앞으로 굽히면 척추의 앞부분에 무게가 실려 추간판에 압력이 발생한다. 이때 등근육을 수축하여 척추를 보호한다. 신체정렬상태, 체중부하, 잘못된 유연성 운동이 척추변형을 가져올 수 있다. 과도한 굴곡, 신전, 회전하는 동작기교는 추간판에 무리를 준다. 추간판 병변이나 후종인대 과신전으로 인한 부종으로 급성통증이 나타나며, 요추 4, 5번 사이와 요추 5번과 천골 사이 그리고 제1천골 공으로부터 나온 좌골신경을 압박한다. 요추만곡이 감소되면 요추 5번과 천골 사이를 압박하고 척추의 방향을 잡아주는 관절돌기에 대한 부담이 지속되어 기능 이상이 나타난다.

척추의 가장 올바른 정렬은 자연스러운 S자형의 만곡을 유지한 자세이다. 이러한 만곡은 체중을 효과적으로 분산시켜 신체를 보호한다. 흉추부위는 후방으로 볼록한(kyphosis) 형태이다. 추골로부터 늑골로 연결되는 수많은 작은 근육 다발이 등쪽 근육을 형성하여 척추의 정렬을 유지시킨다. 요추부분은 전방으로 굽어(lordosis)있다. 이러한 만곡을 더욱 강화시키는 것은 추체와 추간판의 전방이 더 두꺼운 구조이기 때문이다. 그밖에 체형에서 기인한 골격배열의 문제, 무게중심, 신체의 전반적 형태나 조화로 인해 골반이 앞으로 기울게 될 경우 근긴장이 나타난다.

척추가 옆으로 틀어진 만곡은 크게 두 가지 유형이 있다. 첫 번째는 한쪽 골반의 상승으로 인한 측만이다. 이는 한쪽 다리가 다른 쪽 다리에 비해 짧거나 무용동작 수행에 따라 고관절부분의 변형으로 나타날 수 있다. 두 번째는 골반정렬과 상관없이 척추정렬이 여러 방향으로 틀어져서 나타나는 경우이다. 이러한 변형들이 척추측만증(scoliosis)이며 이로 인해 골반, 어깨, 허리에 근육긴장이 생긴다 (Joseph, 2002).

척추의 만곡을 적절히 유지하기 위해 굴곡, 신전, 회전하는 다양한 방법의 스트레칭을 한다. 요추를 스트레칭하려면 코어의 힘이 유지되어야 하므로 코어근력도 허리건강에 중요하다. 요가 등 유연성 훈련은 정신적 긴장을 이완시키고, 호흡률을 낮추고, 혈압을 낮춘다. 근육에 전기(electrical) 활동이 증가하여 쥐가

나는 경우에도 부드럽게 스트레칭을 하면 호전된다. 근육을 이완시켜, 전기활동을 감소시키기 때문이다. 통증을 줄이고 근골격계의 전반적 기능을 향상시키므로 수술, 부상, 근육, 신경, 뇌졸중 환자들의 재활에 좋다. 부상이 발생하면 재활과정에서 유연성운동이 처방된다. 부상당한 관절의 정상적 움직임 범위를 회복하도록 단계적으로 시행되며 점차 적응되면서 문제가 되는 증상들을 줄여준다. 척추에 통증이 있을 때에도 통증이 완전히 사라질 때까지 침대에서 휴식하는 것보다 초기 치료 후에 가능한 빨리 중간정도의 신체활동을 시작한다. 이때 가벼운 스트레칭이 도움이 된다.

운동원리

스트레칭 운동은 근육에 열이 발생했을 때 하는 것이 안전하므로 유산소운동이나 근력운동 후에 하는 것이 좋다. 운동 전에 지나치게 강한 스트레칭을 하면 일시적으로 근신경 제어가 어려워질 수 있다. 스트레칭을 제대로 하기 위해 자신의 관절 가동범위와 근신경 작용을 이해해야 한다.

스트레칭할 때 반동을 주기보다는 잠깐 동안 자세를 유지하는 것이 좋다. 스트레칭 도중에 반동을 주면 근육에 손상을 가져온다. 반동을 이용한 스트레칭은 특별한 목적으로 최적화된 신체 상태에서 호흡을 해야 한다. 천천히 스트레칭해서 10-30초 유지해야 하는 것이 좋다. 근육이 견뎌내는 스트레칭 범위는 제한적이므로 과하게 스트레칭하면 연결조직이 약해지고 파열된다. 안전하고 효과적인 근스트레칭 프로그램은 조직을 손상입지 않을 정도로 서서히 늘리는 것이다. 연구에 의하면 유연성은 근육이 더울 때 해야 가장 좋다. 그리고 스트레칭은 점진적으로 조심스럽게 적용한다. 갑작스럽게 많은 양의 스트레스를 주는 스트레칭은 효과적이지 않고 근 손상을 가져온다.

스트레칭운동은 신경체계 통제 범위 안에서 이뤄진다. 인체 감각기관으로서 고유수용기(proprioceptors)는 근골격계에 관한 정보를 신경체계에 보내준다. 자세의 어떤 변화 혹은 근, 건, 관절의 힘을 간파해서 신호를 뇌와 척수에 보낸다. 그러면 뇌와 척수에서 근육과 건을 다치지 않고 보호하는 범위에서 근육활동이 협응하도록 신호를 되돌려 보낸다. 신경은 속도, 힘 그리고 근육의 협응을 제어하는 것을 돕는다. 근육이 길게 늘어날 때, 고유수용기는 근육 길이가 변화하는 양과 비율을 감지한다. 근육 길이의 변화에 저항하여 근육수축을 촉발하도록 척수신경으로 신호를 보내고 근육으로 명령을 보낸다. 또 다른 신호는 길항근에 보내져서 근육의 수축과 이완을 촉진시킨다.

신경들이 반응을 고려해서 서서히 자극을 유지하는 것이 좋다. 빠르고 강하고 갑작스러운 근길이의 변화는 수용기를 강하게 자극하여 크고 강한 근수축 반응을 하게 한다. 따라서 빠르게 바운스 하는 움직임으로 스트레칭하는 것은 위험하고 부상의 원인이 된다. 바운스 할 때마다 반사 수축이 일어난다. 따라서 점진적인 스트레칭을 하거나 스트레칭을 유지하는 동작을 하면 고유수용기의 반응이 적응되므로 유연성이 향상된다.

고유수용감각을 이용한 스트레칭 테크닉은 유연성을 향상시키는 신경활동에 도움이 된다. 스트레칭하기 전에 수축하는 것은 근육을 더 많이 늘어나게 한다. 특정 운동을 통해 신경조절에 변화를 주는 것은 기능적 움직임 범위를 향상시키는 좋은 방법이다. 규칙적인 스트레칭은 근육이 더 많이 길어지도록 고유수용기를 훈련해 준다. 고유수용기는 스트레칭 운동에 빠르게 적응된다. 그래서 자주 훈련하는 것이 유연성을 발전시키는 데 유익하다. 그러나 운동을 시작하기 전에 과도한 스트레칭을 하면 고유수용감각의 작용을 방해하여 운동제어를 어렵게 만든다. 그리고 자연적 수축과 스트레칭 능력을 감소시킨다. 이것이 스트레칭을 운동 후에 해야 하는 중요한 이유이다.

운동방법

부상 위험을 줄이고 유연성 강화시키기 위해 스트레칭 운동의 강도, 기간, 빈도, 유형에 신경을 써야 한다. 빈도는 최소 한주에 2-3일 이상 자주하는 것이 좋다. 심폐지구력운동이나 웨이트 운동 후에 쿨다운으로 하는 것도 좋다. 무용수들이 연습 전에 스트레칭 하는 것을 일종의 루틴처럼 생각하지만 운동 전 지나친 스트레칭이 수행을 약화시키고 근육제어를 방해한다. 강도 높은 실기 연습 이후에 스트레칭을 하는 것이 최고의 컨디션으로 안전하게 할 수 있는 방법이다.

스트레칭의 강도와 시간을 고려해야 한다. 약간 경직이나 약한 불편함이 있을 때까지 천천히 해야 한다. 그 상태로 통증이 없이 10-30초간 유지한다. 스트레칭을 유지할 때 긴장이 천천히 사라진다. 그때 약간 더 스트레칭을 시도한다. 스트레칭을 하면서 이완하고 숨을 편하게 쉬어야 한다. 스트레칭 사이에 30-60초 쉬고 2-4회 반복한다. 전체 유연성운동은 10-30분 한다.

스트레칭 테크닉 유형은 일반적 활동에 필요한 단순한 스트레칭에서 근육반사 패턴에 근거한 복잡한 방법까지 다양하다. 일반적으로 정적 스트레칭, 반동적 스트레칭, 다이내믹 스트레칭 등이 있다. 이러한 방법은 능동 혹은 수동적으로 한다.

정적 스트레칭은 각 근육을 점진적으로 늘리고, 10-30초간 유지한다. 느린 스트레칭은 고유수용감각의 반응을 줄여주므로 안전하게 할 수 있다. 통증이 없이 잡아당겨지는 느낌이 들 때까지 근육과 관절을 늘리는 것이다. 그러나 주의해야 할 점은 과도한 정적 수축은 관절의 안정성을 떨어뜨리고, 부상 위험을 늘린다. 이런 현상은 특히 남성에 비해 더 유연하고 관절 안정성이 약한 여성들에게 나타난다.

반동적 스트레칭은 갑자기 힘을 가해 반동을 주는 스트레칭 방법이다. 이때, 고유수용감각이 고도로 활성화되므로 운동하는 동안 주의해야 한다. 스트레칭하기 어렵게 만드는 반사근육 수축이 신경으로부터 촉발되므로 숙련된 무용수에게 적합한 훈련이다. 무용수가 런지 자세로 바운스를 할 수 있는 것은 숙련된 동작이기 때문이다.

역동적 스트레칭은 걸으면서 넓은 보폭으로 런지 동작을 하는 것처럼 움직이면서 하는 스트레칭이다. 이런 스트레칭은 밸런스와 협응이 필요하므로 정적스트레칭보다 어렵다. 그 밖에 고유수용기성 신경근 촉통법(PNF; Proprioceptive neuromuscular facilitation)은 근육과 관절신경에서 시작되는 반사를 이용한 방법이다. 가장 대중적인 방법은 수축-이완 스트레칭 방법이다. 스트레칭하기 전에 근육을 수축시킨다. 수축은 근육을 이완시키는 고유수용감각을 활성화시키기 위한 방법이다.

무용수 자세정렬

주요 관절의 안전한 스트레칭과 허리통증을 예방하기 위해 바른 자세를 점검하기 위해 먼저 서서 발의 위치를 살핀다. 발바닥의 무게중심, 발끝 위치, 발의 방향, 발바닥 아치를 관찰한다. 척추의 구조와 기능을 살핀다. 그 다음 척추와 연결된 어깨와 골반의 균형을 관찰한다. 신체정렬은 측면(side view)과 전면(front view), 후면(back view)에서 관찰한다. 세부적으로는 발, 무릎, 골반 그리고 척추의 정렬상태를 관찰한다. 각각의 세부항목은 다시 오른쪽(right)과 왼쪽(left)으로 나누어 관찰하며, 항목의 특성에 따라 세분화하여 분석한다. 신체정렬분석은 눈으로 관찰하는 시진(inspection)법으로 한다.

무용전공 대학생들의 자세분석 결과, 발 정렬 형태에서 회외보다 회내가 많다. 그 이유는 고관절이 아닌 발 부분의 과도한 턴 아웃(turn-out) 시도로 인해 나타난 발말림(rolling feet)현상 때문이다. 한 발의 회외 혹은 회내 정렬형태를 보이는 학생들의 대부분이 발목 부위의 상해 경험이 있었다. 부상이 발의 정렬 형태에 영향을 준 것으로 보인다. 무릎정렬의 경우 측면에서 관찰해 보면 과신전이 나타나며, 전후면에서는 O형 다리보다 X형 다리가 많이 나타났다. 이런 경우 다리의 하중을 적절히 분산시키지 못해 무릎에 압박을 가할 수 있다.

골반정렬의 경우 측면분석 결과, 과반수가 넘는 80.0%는 중립자세의 골반정렬을 보이고 있어, 올바른 골반정렬을 유지하고 있는 것으로 나타났다. 하지만 전후면에서 살펴본 본 골반정렬 분석 결과, 21.1%만이 골반 수평 균형을 유지하고 있었고, 78.9%가 골반 불균형인 것으로 나타났다. 이는 무용테크닉을 수행하면서 움직임이 편한 쪽으로 편중되게 사용한 결과로 고관절의 움직임 가동범위의 차이가 나타난다. 골반의 불균형은 자세 전체의 불균형을 초래할 수 있다.

척추정렬의 경우, 연구 참여자의 45.6%가 편평등(flat back)으로 나타났다. 무용수들의 편평등 형태는 상체를 꼿꼿이 세우는 풀 업(pull-up)자세를 유지하면서 무용동작을 지속적으로 연습한 결과이다. 이로 인해 경·흉추 후만 굴곡 감소 혹은 요추 전만굴곡이 감소하는 무용수의 전형적 척추모양이 나타난다. 편평등 형태는 외부로부터의 압박을 받을 경우 상해의 우려가 있기 때문에 몸통(trunk) 직

립에 영향을 주는 척추기립근과 복근을 꾸준히 단련해야 한다. 무용수 자세정렬에서 움직임의 중심 축이 되는 척주(vertebral column)정렬과 골반의 정렬의 관계를 바로잡는 체력훈련이 중요하다(나경아, 김리나, 박현정, 2011).

마무리 질문

▷ 유연성을 결정하는 요인은 무엇인가?

▷ 유연성이 향상되면 무용할 때 어떤 유익이 있는가?

▷ 스트레칭 운동은 어떻게 해야 하는가?

▷ 나에게 필요한 스트레칭은 어떤 것인가?

자세관찰

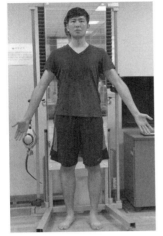  

| 전면 | 측면 | 후면 |

  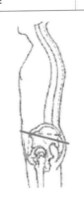 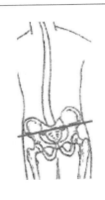

| 중립 | 전굴 | 후굴 | 뒤틀림 |

골반 정렬

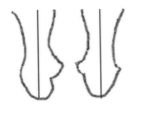 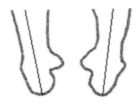 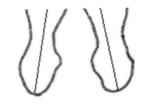

| 중립 | 회외 | 회내 |

발목 정렬

자세관찰				
전면	좌우 어깨높이의 차이 관찰 좌우 골반높이의 차이 관찰 좌우 무릎높이의 차이 관찰			
측면	귀, 어깨중앙, 골반중앙, 발목중앙을 지나는 선의 배열 관찰			
후면	발목정렬 상태 관찰 골반, 무릎, 발의 배열 관찰			
무게 중심	좌우 발의 균형 좌 (%) 우 (%)			
	발바닥의 균형			
	좌	엄지발가락 (%)	새끼발가락 (%)	뒤꿈치 (%)
	우	엄지발가락 (%)	새끼발가락 (%)	뒤꿈치 (%)
척추	척추가 옆으로 휘었다.			
	등쪽이 뒤로 굽었다.			
	허리가 앞으로 굽었다.			
	척추가 자연스런 곡선으로 바르게 세워져 있다.			
견갑골	견갑골이 올라가 있다.			
	견갑골 사이가 벌어졌다.			
	견갑골 사이가 모아졌다.			
	견갑골이 긴장감 없이 편안하게 위치하고 있다.			
골반	골반이 앞쪽으로 기울어 있다.			
	골반이 뒤쪽으로 기울어 있다.			
	골반이 뒤틀려 있다.			
	골반이 대칭적으로 안정되어 있다.			
다리	다리모양이 X자 형태이다.			
	다리모양이 O자 형태이다.			
무릎	무릎이 뒤로 밀려 있다.			
	무릎이 긴장감 없이 바르게 위치하고 있다.			
발	발바닥이 안쪽으로 눌려서 발목이 돌아가 있다.			
	발바닥이 바깥쪽으로 눌려서 발목이 돌아가 있다.			
	발바닥 아치가 정상이고 발목이 바르게 세워져 있다.			

유연성 테스트

[1] 척추

1. 팔 올리기

어깨가 따라 올라가지 않고 팔을 올린다.

2. 측굴

좌우 40도 이상 내려간다.

유연성 테스트

[2] 어깨

1. 굴곡 신전

양 팔꿈치를 척추와 일직선상에 놓는다.

2. 외전

합장한 손이 견갑골 사이에 위치한다.

유연성 테스트

[3] 고관절

1. 고관절 내·외전

좌우 내·외전이 45도 이상 편하게 움직인다.

2. 고관절 굴·신전

양쪽 골반이 정면, 치골이 바닥에 닿는다.

3. 턴아웃 각도

무릎, 발끝 정렬을 맞추고 90도 이상 돌린다.

유연성 테스트

[4] 발목

1. 프랙스 *dorsi flexion*

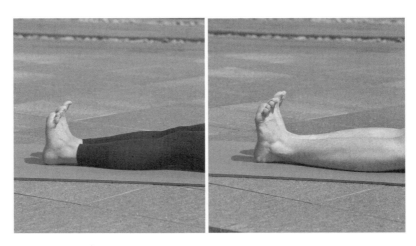

발뒤꿈치 선을 기준으로 15도 이상 움직인다.

2. 포인트 *plantar flexion*

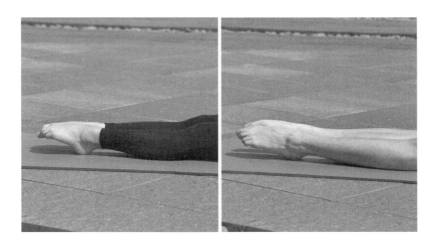

발뒤꿈치 선을 기준으로 55도 이상 움직인다.

스트레칭 운동

[1] 목

1. 앞뒤 굴곡, 신전 / 측 굴곡

2. 좌우 회전

3. 사선 앞 굴곡, 사선 뒤 신전

4. 회선

스트레칭 운동

[2] 어깨, 팔

1. 어깨 굴곡, 신전 / 2. 외전, 내전

3. 어깨 회선

4. 손목 굴곡, 신전

5. 손목 회선

스트레칭 운동

[3] 척추, 몸통

1. 척추 굴곡, 신전 / 2. 측 굴곡

3. 척추 회전

4. 척추 회선

스트레칭 운동

[4] 고관절

1. 고관절 굴곡, 신전

2. 고관절 외전, 내전

3. 고관절 회선

스트레칭 운동

[5] 다리

1. 대퇴 굴곡, 신전

2. 대퇴 내전, 외전

스트레칭 운동

3. 발목 굴곡, 신전

4. 발목 내번, 외번

5. 발목 회선

운동 일지							
목표							
운동 내용	유형						
	횟수	주 ( )회			수준	저 중 고	
	시간	( )시간 ( )분					

운동＼날짜							
	지속 시간						
	반복 횟수						
	지속 시간						
	반복 횟수						
	지속 시간						
	반복 횟수						
	지속 시간						
	반복 횟수						
	지속 시간						
	반복 횟수						
	지속 시간						
	반복 횟수						
	지속 시간						
	반복 횟수						

9장 신체구성

나는 비만한가? 같은 양을 먹어도 살이 찌는 이유는 무엇인가? 비만도 측정 결과를 통해 신체구성의 변화목표를 정할 수 있다. 건강한 신체구성은 외적으로 건강하게 보이는 몸뿐 아니라 내적으로 좋은 신체구성을 유지하는 것이다

비만도

비만을 판단하기 위한 기준은 체중, 체지방량, 체지방률, 근육량, 복부지방률 (Waist-Hip Ratio, WHR), 체질량지수(Body Mass Index, BMI), 비만도 등이 있다. BMII와 비만도는 체중으로 비만도를 측정하는 척도로서, 비만도는 표준체중을 기준으로 하며, BMI는 신장과 체중의 비율로 평가한다. BMI는 세계보건기구 (World Health Organization; WHO)가 제시한 비만과 과체중 진단기준 지표이다. 우리나라 보건복지부에서도 BMI를 비만 판정지표로 사용하고 있다. WHR은 허리와 엉덩이의 비율로 평가하는 비만의 지표이며, 특히 비만체형을 분류할 수 있는 지표이다.

BMI(체질량지수)는 체중(kg)을 키(m)의 제곱으로 나눈 값이다. 일반적으로 BMI 정상범위는 18.5-23이다. 세계보건기구(WHO)에서 정한 국제기준은 BMI 25 이상은 과체중이며 30 이상은 비만이다. 복부 비만비율(WHR : Waist Hip ratio)은 허리와 힙 사이즈 비율로 측정한다. 남성의 경우 비율이 0.9 여성의 경우는 0.85가 정상기준이 되며, 그 이상일 때는 복부비만으로 판단한다. 그 외에 비만도 검사는 물속에서 체중을 잰다거나 피하지방을 잡는 측정방법이 있다.

인체성분의 구성비 즉 체구성에 대한 검사는 무용수의 체력을 평가하는 기본적이고 중요한 수단이다. 체구성 검사는 생체전기저항분석(bio-electrical impedance analysis) 방식의 체구성 분석기를 이용한다. 전기 신호의 주파수를 이용해 체수분과 체지방을 측정한다. 객관적인 신체 상태를 알려주는 체지방률(%FAT)은 전체 체중에서 지방 무게를 백분율(%)로 나타내므로 비만을 판단하기 가장 정확한 지표이다.

비만도	
체질량지수(BMI : Body Mass Index)	
체중kg/(키m×키m)	18.5~23 정상
복부비만율(WHR : Waist Hip Ration)	
허리사이즈 / 힙사이즈	남자 0.9 / 여자 0.85 정상

체지방은 피부 아래 그리고 혈관이나 복부 내 중요한 장기조직 주변에 있으며, 체지방이 높을수록 심혈관 질환, 당뇨병에 걸릴 위험이 있다. 지방은 신경, 뇌, 내장기관, 유선발달에 영향을 준다. 신체의 저장된 주 에너지원이며, 인체기관의 완충과 체온유지를 위해 필요하다. 생리적 기능의 차이로 인해 체지방률에서 남녀차이가 나타난다. 필수지방 비율은 남자는 3%, 여자는 12%이다. 정상범위는 남자 15% 내외, 여자 25% 내외이다. 남자는 체지방 비율이 25% 이상, 여자 30% 이상일 때 비만으로 진단한다.

기초대사량

기초대사율(BMR : basal metabolic rate)은 생물체가 생명을 유지하는 데 필요한 최소한의 에너지 대사율이다. 체온 유지나 호흡, 심장 박동 등 기초적인 생명 활동을 위한 신진대사에 쓰이는 에너지양이다. 하루 동안 아무런 활동을 하지 않아도 기초대사량 만큼의 에너지가 소모된다. 체중 조절을 위해 무리하게 굶게 되면 우리 몸에서는 에너지가 부족하다는 것을 느끼게 되고 에너지가 고갈되지 않게 하기 위해 기초대사량을 줄여나간다. 따라서 규칙적인 식사는 기초대사량을 높이는 데 중요한 역할을 한다.

물만 먹어도 살찐다거나 같은 양을 먹어도 살이 찐다는 것은 기초대사율의 차이 때문이다. 기초대사율은 근육량, 성별, 연령, 식사습관, 체표면 면적, 키에 따라 다르다. 근육량이 많고, 남성, 성장기, 규칙적 식사, 체표면 면적이 넓은 사람,

기초대사율	
남자	66.47 + (13.75 × 체중) + (5 × 키) − (6.76 × 나이)
여자	655.1 + (9.56 × 체중) + (1.85 × 키) − (4.68 × 나이)

근육 많은 사람	〉	=	〈	근육 적은 사람
남자	〉	=	〈	여자
성장기	〉	=	〈	노인
정상적 식사	〉	=	〈	굶기
체표면 넓은	〉	=	〈	체표면 좁은
키가 큰 사람	〉	=	〈	키가 작은 사람

키가 큰 사람이 대사율이 높다. 그러나 고도 비만일 경우 기초대사율이 떨어진다. 신체를 구성하는 제지방(fat-free mass)인 뼈, 근육, 연결조직, 혈액, 장기 등의 비율이 높을수록 기초대사량이 높다.

마른비만

불규칙한 식사, 폭식, 무리한 다이어트를 반복하면 체내에 지방이 축적된다. 체중은 정상이지만 체지방률이 높은 상태인 마른비만(TOFI : Thin outside fat outside)이 된다. 다이어트를 하는 젊은 여성들의 경우 몸무게가 정상 범위에 포함되거나 심지어 저체중인 경우에도 체성분 검사를 해보면 체지방률이 높고 근육량이 적게 나온다. 마른 비만은 반복적 다이어트, 불균형한 영양섭취가 원인이다. 체중이 줄어도 몸속이 비만인 상태가 건강상 가장 해롭다.

최근 세계 각국 국민의 평균 비만도(BMI)를 보여주는 자료에 의하면 미국인은 30%가 비만에 속한다. 미국 다음으로 비만 인구가 많은 나라는 멕시코이다. 유럽 지역의 비만인 비율은 낮은 편인데 프랑스, 이탈리아, 오스트리아인 중에서

BMI 30 이상인 인구는 9% 가량이다. 한국인들은 세계에서 30위로 비만도가 가장 낮게 나타났다. 한국과 일본은 비만인구 비율이 3%이다. 세계 최하위 비만국가인 한국의 여성들은 자신의 외모가 뚱뚱하다고 평가한다. 마른 여성을 아름답게 보는 사회적 분위기 속에서 말라야 아름답다는 편견이 생긴다.

체중이 많이 나가면 건강에 해롭다는 것은 상식이다. 그러나 최근 연구에서 저체중인 사람의 건강이 더 위험하다는 사실이 밝혀졌다. 과체중 사람들이 저체중 보다 병의 회복률이 높고 사망률이 낮았다. 일반적으로 과체중이나 비만은 만병의 근원이자 성인병의 주된 이유라고 알려져 있다. 하지만 저체중이 오히려 모든 질환으로 인한 사망위험이 높다. 또한 외모를 중요하게 생각하는 직업군에서 나타나는 과도한 저체중 문제가 심각한 정신적 질병으로 여겨지게 되었다. 2010년에 28세에 사망한 프랑스 모델은 165cm의 키에 31kg으로 BMI지수 12 이하였다.

무용수의 비만도

무용수들의 마른 외모에 대한 열망은 가녀린 선을 아름답게 보는 무용예술의 미적 기준에 영향을 받는다. 무용수가 살이 쪘다는 소리를 듣는 것은 자존감에 크게 손상을 준다. 무용수로서 부적절하다는 말로 해석된다. 반면 말랐다는 것은 최고의 칭찬이며 공연성취만큼 중요한 의미이다. 특히 여성무용수들은 신체활동에 필요한 체력보다는 외적으로 드러나는 체형이 중요하게 여긴다. 이러한 공연분야의 집단적 분위기가 개인의 신체구성에도 영향을 준다.

무용수들의 비만도에 관한 해외 연구에 따르면 발레무용수와 일반인 사이에 차이가 나타난다. 발레무용수들의 50%와 일반 여성의 23.3%가 저체중이다. 발레무용수의 체지방률은 18.85±4.50%였으나, 일반여성의 경우는 23.41±4.34%로 나타났다. BMI도 발레무용수는 18.56±1.53kg/m2, 일반여성의 경우 19.96±2.12kg/m2로 무용수가 일반인에 비해 현저히 낮은 수치를 나타냈다(Stokić, Srdić과 Barak,2005). 남녀 현대무용수들을 대상으로 한 연구에서 남성과 여성의 BMI의 차이가 나타난다(Weiss와 Shah, Burchette,2008).

국내 무용전공 대학생들의 전공과 성별에 따른 비만도 비교연구에서도 차이가 나타났다. 전공에 따른 분석을 한 결과, 복부비만을 판단하는 지표인 WHR, 표준체중을 기준으로 하는 비만도, BMI에서 발레가 가장 낮게 나타났으며, 그 뒤를 이어 한국무용, 현대무용 순으로 나타나, 발레전공자의 경우 가장 낮은 비만 수치를 나타냈다. 체지방률의 경우는 발레가 가장 낮고, 현대무용, 한국무용 순으로 나타났다. 체지방률, BMI, WHR, 비만도 모두 세 집단 간 차이가 통계적으로 유의하였다. 이러한 결과는 발레전공자의 경우 가장 마른 체형을 선호하는 장르의 특성과 훈련방식 때문으로 여겨진다. 비만도의 경우 현대무용이 가장 높고, 한국무용과 발레 순으로 나타났지만, 체지방률의 경우는 한국무용, 현대무용, 발레의 순으로 나타났다. 한국무용 전공자들이 현대무용전공자보다 체중으로 낮았지만, 체지방률은 오히려 높은 수치였다.

무용 전공 대학생들의 성별에 따른 비교 결과, WHR, BMI, 비만도, 기초대사량은 여성이 남성보다 낮게, 체지방률은 남성이 여성에 비해 낮게 나타났다. 여성의 체지방률이 남성보다 높은 이유는 여성의 필수지방이 차지하는 비율이 높기 때문이다. 성별에 따른 비만도 차이는 그동안 많은 연구를 통해 밝혀지고 있으며, 일반적으로 여성이 남성에 비해 저체중으로 나타난다(나경아, 박현정, 김리나, 2011).

마무리 질문

▷ 비만도는 어떻게 측정되는가?
▷ 나의 기초대사량은 얼마인가?
▷ 마른비만의 원인은 무엇인가?

10장 영양섭취

공연과 연습에서 충분한 에너지를 내기 위해서 음식을 얼마나 먹어야 하나? 언제 먹어야 하나? 어떤 음식을 먹어야 하나? 하루 동안 물은 얼마나 마셔야 하나? 무용수는 자신의 신체활동에 맞는 에너지를 내기 위해 균형 있는 영양섭취를 해야 한 다. 살을 빼기 위해 굶으면서 연습하는 것은 연료 없이 달리는 자동차와 같다. 다이어트를 위해 한 가지 음식만 섭취하는 것은 장기적으로 몸을 건강하게 만드는데 방해가 된다.

무용수의 경우 적당한 체중을 유지하면서 근육량을 늘리고 체지방량을 줄이려면 단백질을 충분히 섭취해야 한다. 연습 시간에는 수분을 보충해야 한다. 필수 영양소를 골고루 섭취하여 신체구성을 건강하게 유지하고 필요한 에너지를 충분히 낼 수 있도록 한다. 그 외에 섬유질은 소화에 중요한 작용을 하며, 콜레스테롤 수치를 낮추고 배변활동을 돕는다. 무엇보다 굶지 말아야 한다. 굶으면 근손실이 오고 대사율이 줄어들어 체력저하가 뒤따른다. 또한 굶으면 한꺼번에 폭식을 하거나 고칼로리 음식으로 손이 간다.

식사습관

무용 활동에 필요한 힘을 얻기 위해 잘 먹고 있는가? 하루에 몇 번 식사하는가? 패스트푸드나 인스턴트 식품을 선호하는가? 과식과 폭식 경험이 있는가? 편식이 심한가? 충분한 수분을 섭취하는가? 무용수는 마른 몸을 유지하기 위해 공연시즌마다 다이어트를 반복한다. 소모되는 에너지에 비해 충분한 영양공급이 이뤄지지 않으면 몸 속 근섬유에 저장된 글리코겐이 소모되어 부상당하기 쉬운 상태에 이른다.

신경성 폭식증 검사(BULIT) 결과 무용전공생들의 폭식증세가 정상범위보다 약간 높게 나타났다. 체중조절에 대한 압박감으로 식사를 통제할 뿐 아니라 식이조절에 대한 부적절한 신념이 생긴다. 무용수들에게 신경성 식욕부진이나 폭식증과 같은 이상식욕 증상이 흔하게 나타난다(Schnitt, 1990). 특히 발레리나들은 마른 체형에 집착하므로, 비정상적인 식사태도가 심한 편이다. 신체에 대한 불만족은 칼로리 섭취를 제한하거나 구토, 설사 등의 바람직하지 않은 행동을 유발한다(Eliakim et al., 2000). 무용수들의 편식과 저 열량 다이어트로 인해 생리불순 현상도 나타난다(Calabrese et al, 1983).

　체중에 민감한 무용수들은 식사행동과 체중 및 체형에 대해 지나친 집착을 보이고 굶기와 폭식을 반복하면서 체중감소를 위해 늘 신경 쓴다. 섭취한 열량을 소모하기 위해 과도하게 운동하는 행동양상도 나타난다. 체중에 대한 왜곡된 신념이 식이장애(eating disorder)의 문제를 일으킨다. 전 세계적으로 청소년과 젊은 여성들에게 거식증과 폭식증이 나타나고 있다. 식이장애를 겪는 대상은 대부분이 여성이지만 간혹 남성 식이장애 문제도 발생한다. 외모에 관심을 많이 갖는 직업인 무용수, 모델, 운동선수 등에게서 많이 발생한다. 거식증(anorexia)으로 알려진 신경성 식욕 부진증은 생명을 위협할 정도로 극단적인 체중감소가 특징이다. 신경성 폭식증(bulimia nervosa)은 반복폭식, 구토, 설사약 사용, 체중 증가 공포. 일정한 시간 안에 평균보다 많이 먹는 행동이 나타난다. 식사 조절감각을 상실하는 경우에는 과거 비만경력이 있거나 지나친 다이어트 실패가 원인이 되기도 한다. 균형 잡힌 영양섭취를 위한 노력은 무용훈련 과정에서 중요한 부분이다.

필수영양소

　신체를 구성하고 에너지를 공급해주는 3대 필수영양소는 단백질, 지방, 탄수화물이다. 영양소의 원활한 작용을 돕는 비타민과 미네랄을 포함하여 5대 영양소이다. 최근에는 물을 포함시켜 6대 영양소가 되었다. 서양 사람들은 지방의 과다섭취가 비만의 원인이지만. 한국 사람은 탄수화물 과다 섭취가 비만의 원인이다. 그러나 최근 식사내용이 서구화되면서 한국인들도 지방 과다섭취 경향이 나타난다.

　탄수화물은 뇌, 신경체계에 중요한 역할을 하며, 고강도 운동을 하는 동안 근육에 에너지를 제공한다. 신체에 열량을 공급해주는 혈액 내에 포도당은 당질의 기본단위인 혈당이다. 하루 열량의 65% 이상을 탄수화물로부터 공급받으며, 1g

이 체내에서 완전 연소되면 4kcal의 열량을 낸다. 탄수화물은 단당류 이당류 다당류로 구분되며 대부분의 곡류와 당류가 속한다. 쌀, 보리, 콩, 옥수수, 밀 등의 곡류와 감자, 고구마가 이에 속한다. 일일섭취식품을 통해 공급받은 열량의 65% 이상을 차지하는 탄수화물은 전세계적으로 주식에 해당한다. 단백질은 생명유지와 성장에 필수적인 영양소이다. 1g당 4kcal의 열량을 낸다. 쇠고기, 돼지고기, 생선, 조개, 두부, 콩, 굴, 달걀, 우유에 들어있다.

지방질은 우리 몸의 에너지원으로 사용된다. 1g당 9kcal의 열량을 생성하고 당질이나 단백질에 비해 두 배 이상의 에너지를 만들기 때문에 저장에너지로 우수하다. 과다할 경우 피하지방에 저장되며, 지용성 비타민의 소화와 흡수를 돕는다. 지방은 체온을 보호해 주고 인체의 장기를 외부로부터 보호한다. 그 종류에는 버터, 깨, 들기름, 견과류에 들어 있다. 단백질은 생명유지와 성장에 필수적인 영양소이다. 1g당 4kcal의 열량을 낸다. 쇠고기, 돼지고기, 생선, 조개, 두부, 콩, 굴, 달걀, 우유에 들어있다.

무기질은 소량 필요하지만 신체기능을 조절하고 조직을 유지시킨다. 무기질의 균형이 깨지면 신체 조직을 구성하고 화학반응을 촉진하는 작용이 제대로 이루어지지 않는다. 무기질은 뼈와 치아를 형성하고, 산염기와 수분 평형 등에 관여한다. 무기질은 부족해도 안 되지만 넘쳐도 과잉증이 나타난다. 칼슘, 철, 요오드, 구리, 불소 등의 미네랄이 결핍이 되었을 경우 빈혈과 골다공증이 생긴다. 여러 가지 무기질을 골고루 섭취해야 하므로 신선한 채소, 과일, 버섯, 해조류, 양질의 단백질, 견과류 등을 골고루 먹어야 한다.

비타민은 생명현상을 유지하며 극히 소량이지만 절대적으로 필요한 영양소이다. 비타민은 여러 가지 생화학 반응에 촉매 역할을 하는 효소들의 보조효소로 작용한다. 현재 약 20 종류의 비타민이 알려져 있으며, 지용성과 수용성으로 구별된다. 수용성 비타민은 비타민 B군과 C가 있으며, 수용성은 필요량 이상 섭취하면 소변으로 배설되므로 주기적으로 필요량을 공급해 줘야 한다. 지용성 비타민은 A, D, E, K이다. 체내에 흡수될 때 지질과 같이 흡수된다. 비타민A는 눈의 질병을 치료하며, 비타민D는 뼈의 발육과 관련된 칼슘 대사에 필수적이다. 비타민 E는 정상적인 두뇌활동에 관여한다. 비타민K는 골밀도를 증가시키고 정상적 혈액응고를 돕는다. 귤, 감, 포도, 무, 양파, 오이, 시금치 등 녹황색채소나 과일에 풍부하게 들어있다.

물은 체내 60-70%를 차지한다. 수분의 역할은 탄산가스와 같은 대사성 노폐물질들을 세포에서 제거하기 때문에 혈압과 심혈관 기능에 중요한 역할을 한다. 혈액을 통해 근육에 산소를 공급하고, 포도당, 지방산, 아미노산 같은 영양물질들을 근육으로 운반하고 운동 중의 신진대사와 근육활동에 관여하는 호르몬을 해당조직으로 운반하는 역할을 한다. 또한 운동할 때 산성화되는 체액의 농도를 적절하게 유지하고 운동 중에 발생하는 체열을 내려준다.

운동 중 수분 섭취의 목적은 2% 이상의 체액 손실 방지하고 세포내 전해질 농도의 과도한 변화를 방지한다. 체중 3% 탈수되면 신체의 생리기능이 감소한다. 5% 탈수되면 무기력 증상이 나타난다. 8% 이상 탈수되면 생명이 위험하다. 물 섭취량은 날씨, 활동량, 체중 등에 따라 달라진다. 하루 적정 섭취량을 계산하려면 체중에 30을 곱한다. 50kg인 사람은 하루에 1.5L의 물이 적정량이다. 한 번에 많은 양의 물을 마시면 몸속 나트륨의 균형이 깨져서 불편한 증상이 생길 수 있다. 물은 갈증이 안 나더라도 수시로 마시는 게 좋다. 인체 내 수분량이 적절히 유지되어야 세포 저항력이 높아져 각종 세균과 바이러스 등의 침입을 막고, 몸속 유해 물질의 배출이 원활해진다.

1일 섭취열량

보건복지부 영양섭취기준(DRIs; Dietary Reference Intakes)에서는 식사 패턴 및 영양소 섭취량의 변화상을 반영해 새로운 섭취량 기준을 제시한다. 남녀 및 연령에 따라 달라지는 섭취기준과 필수영양소의 적정 비율을 제시한다. 현대사회의 영양부족과 영양과잉을 모두 고려해서 4가지 기준을 제시한다. 첫째, 평균 필요량은 대상 집단의 절반에 해당하는 사람들의 일일 필요량을 충족시키는 값이다. 둘째, 권장섭취량은 성별, 연령별로 거의 모든 건강한 인구집단의 영양소 필요량을 충족시키는 추정치이다. 셋째, 충분섭취량은 영양소 필요량에 대한 정확한 자료 등이 부족하여 권장섭취량을 정할 수 없는 경우 역학조사에서 관찰된 건강한 사람들의 영양소 섭취량의 중앙값으로 정한다. 넷째, 상한섭취량은 과잉섭취로 인해 건강상의 위험이 나타날 수 있는 경우 인체에 건강유해영향이 나타나지 않는 최대영양소 섭취수준이 된다.

개인을 위한 기본적인 영양목표에서 단백질은 총에너지의 15% 정도, 지방은 15-25% 정도 섭취하는 것을 권장한다. 소금은 하루 5g 이하, 설탕이나 물엿과 같은 첨가당은 되도록 적게 섭취할 것을 권장한다. 적절한 식사를 위해 곡류는 매일 2-4회, 고기, 생선, 달걀, 콩류는 매일 3-4회, 채소류는 매끼에 2가지 이상, 과일은 매일 1-2개, 우유, 유제품은 매일 1-2잔을 섭취하고, 유지, 당류는 조리 시 소량을 사용할 것을 제안한다.

개인의 구체적인 식단계획을 위해 목표 섭취열량에 따른 권장식사패턴을 제안한다. 우선 자신에게 적합한 1일 에너지 필요량을 계산한다. 1일 에너지 필요량은 표준체중에 35를 곱하여 나온 값으로 한다. 표준체중은 남자는 키(m)의 제곱에 22를 곱한 값(kcal)으로 한다. 여자는 키(m)의 제곱에 21을 곱한 값(kcal)으로 계산한다. 계산하여 나온 1일 필요열량에 맞는 권장식사패턴을 이용하면 손쉽게 자신의 식단계획을 할 수 있다(보건복지부, 2013).

무용연습과 영양

무용수들은 하루 활동량을 고려해서 1일 섭취열량을 계산한다. 보통 2시간 무용연습에 600kcal가 소모된다. 연습 전에 필요한 에너지를 공급 해주어야 지치지 않고 연습할 수 있으며 공복을 피해야 근손실을 막을 수 있다. 영양공급으로 혈당수치를 최적화시키기 위해 흡수가 느린 다당류 탄수화물과 흡수가 느린 단백질을 연습하기 1-2시간 전에 먹는다. 흡수가 느린 음식은 오랜 시간 흡수되므로 혈당수치를 일정하게 유지시킨다. 굶거나 흡수가 빠른 음료 등을 먹으면 연습 중 혈당수치가 떨어져서 체내 글리코겐이 소모된다.

연습 중에는 교감신경의 활성화와 정신적인 긴장으로 위장운동이 억제되며 소화액의 분비도 저하된다. 만약 운동 중에 소화흡수 기능이 저하되지 않았다면 운동 기능이 최대로 발휘되지 않는다고 할 수 있다. 또한 운동 중에 음식을 섭취하면 운동에 사용할 에너지를 소화 흡수에 빼앗기게 되므로 많은 양의 영양섭취는 바람직하지 않고 필요하면 소량의 꿀, 주스 등을 물과 함께 섭취한다. 특히 운동 중에는 많은 양의 수분이 소모되므로 어떤 영양소를 섭취하는 것보다 수분을 섭취하는 것이 중요하다.

연습이 끝난 후에는 축적된 젖산, 글리코겐 고갈, 산소부재, 근육의 손상으로 피로한 상태가 된다. 근육성장과 지방대사율이 높아지는 중요한 시기이다. 운동 직후에 소화기능도 저하되고 위액의 분비도 감소된다. 체내의 수분감소와 무기질, 전해질, 글리코겐의 손실이 있으므로 이를 보충 해 주기 위한 영양섭취가 필요하다. 소화흡수가 쉬운 액상 상태의 주스, 꿀물 등을 섭취한다. 연습 후에 탄수화물은 피로회복에 도움이 된다. 탄수화물은 코티졸 분비를 억제하며, 글리코겐으로 체내에 저장된다. 탄수화물과 함께 단백질은 근육재생에 중요한 역할을 한다. 휴식과 영양섭취도 연습과정의 일부이다.

마무리 질문

▷ 평소 충분한 영양섭취를 하고 있는가?

▷ 물은 충분히 마시는가?

▷ 무용수들의 영양섭취에서 신경을 써야 할 점은 무엇인가?

▷ 건강한 영양섭취를 위해 실천할 수 있는 일은 무엇인가?

식이태도 검사

번호	문 항	항상 그렇다	거의 그렇다	자주 그렇다	가끔 그렇다	전혀 그렇지 않다
1	살찌는 것이 두렵다.					
2	배가 고파도 식사를 하지 않는다.					
3	나는 음식에 집착하고 있다.					
4	억제할 수 없이 폭식한 적이 있다.					
5	음식을 작은 조각으로 나누어 먹는다.					
6	자신이 먹고 있는 음식의 영양분과 열량을 알고 먹는다.					
7	빵이나 감자 같은 탄수화물이 많은 음식은 특히 피한다.					
8	내가 음식을 많이 먹으면 다른 사람들이 좋아하는 것 같다.					
9	먹고 난 다음 토한다.					
10	먹고 난 다음 심한 죄책감을 느낀다.					
11	좀 더 날씬해져야겠다는 생각을 떨쳐버릴 수가 없다.					
12	운동할 때 운동으로 인해 없어질 열량에 대해 계산하거나 생각한다.					
13	남들이 내가 너무 말랐다고 생각한다.					
14	내가 살이 쪘다는 생각을 떨쳐버릴 수가 없다.					
15	식사시간이 다른 사람보다 더 길다.					
16	설탕이 든 음식은 피한다.					
17	체중조절을 위해 다이어트용 음식을 먹는다.					
18	음식이 나의 인생을 지배한다는 생각이 든다.					

번호	문 항	항상 그렇다	거의 그렇다	자주 그렇다	가끔 그렇다	전혀 그렇지 않다
19	음식에 대한 자신의 조절능력을 과시한다.					
20	다른 사람들이 나에게 음식을 먹도록 강요하는 것 같다.					
21	음식에 대해 많은 시간과 정력을 투자한다.					
22	단 음식을 먹고 나면 마음이 편치 않다.					
23	체중을 줄이기 위해 운동이나 다른 것을 하고 있다.					
24	위가 비어 있는 느낌이 있다.					
25	새로운 영양가가 많은 음식을 즐긴다.					
26	식사 후 토하고 싶은 충동을 느낀다.					

□ 항상-전혀까지 3, 3, 2, 1, 0, 0점으로 계산한다. (25번은 역산한다)
　총 점수는 0-75점이며, 20점에 가까우면 섭식장애로 판단한다.

□ The Eating Attitudes Test (EAT-26)

영양 섭취						
목표						

식사 내용	1일 섭취열량				Kcal	
	식사 횟수	아침		점심		저녁
	필수영양소	단백질	탄수화물	지방	비타민	무기질	물

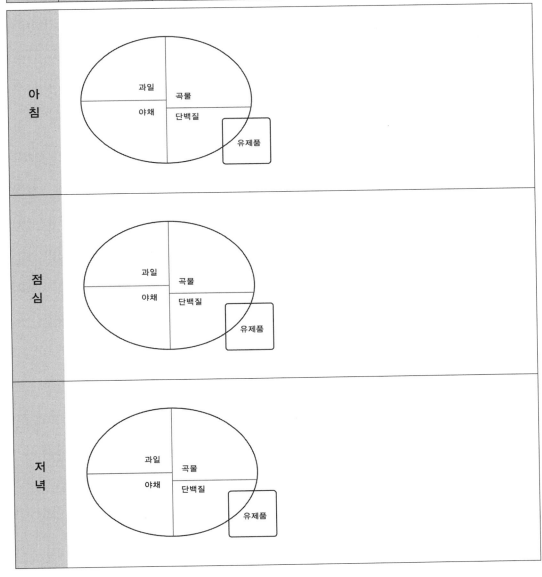

식사 일지							
목표							

식사 내용	1일 섭취열량						Kcal
	식사 횟수	아침		점심		저녁	
	필수영양소	단백질	탄수화물	지방	비타민	무기질	물

날짜	시간	음식	빵, 밥, 국수, 감자, 고구마	야채	과일	우유, 치즈	열량 (Cal)

참고문헌

강여주·이광호(2007), 「직업 무용수의 신체 이미지 분석」, 『한국체육철학회지』 15(3), 한국체육철학회, 257~271쪽.

고흥환·김기웅·장국진(1995), 『운동 행동의 심리학』, 보경문화사.

김기웅(1999), 『운동학습의 기초』, 보경문화사.

_____(2016), 「공연예술가들이 경험하는 심리적 문제-춤공연 심리학과 정신훈련」, 『한예종 무용원 이론과 국제학술대회 자료집』, 한국예술종합학교.

김상국·정일호·김기훈·변해심·이정호·김기운(2005), 「성인 여성의 비만도에 따른 체형인식, 식이태도, 체중조절 태도」, 『한국체육학회지』 44(3), 한국체육학회, 215~223쪽.

김영미(2007), 「무용수의 외모에 대한 사회·문화적 가치 내재화와 신체이미지 왜곡의 관계」, 『한국체육학회지』 46(1), 한국체육학회, 123~134쪽.

김윤진(2004), 「무용성격의 본질에 대한 경험적 탐색」, 『무용학회논문집』 제38권, 대한무용학회.

김정택·김명준(역)(1999), 『심리 유형의 역동과 발달』, Katharine D, M, & Linda K, K, 한국심리검사연구소.

김정택·심혜숙·제석봉(2007), 『MBTI 개발과 활용』, 한국심리검사연구소.

김정택·심혜숙(2007), 『16가지 성격유형의 특성』, 어세스타.

김희영(2001), 「무용전공 여대생의 체중 조절과 섭식장애 특성에 관한 연구」, 연세대학교 교육대학원 석사학위논문.

나경아(2005), 『무용동작의 이해』, 두솔출판사.

_____(2007), 『무용의 원리』, 보고사.

_____(2011), 『무용심리학』, 보고사.

_____(2011), 『무용인을 위한 과학적 훈련방법 : 자기관리프로그램』, 보고사.

_____(2013), 「무용수 자기관리 훈련 프로그램」, 『한국예술종합학교 무용원 이론과 국제학술심포지움 자료집』, 한국예술종합학교, 2013, 33~45쪽.

_____(2016), 「전공별 성격유형(MBTI)에 나타나는 심리기능 차이에 대한 연구」, 『한국예술연구』 13호, 한국예술연구소, 107~124쪽.

나경아·김리나·박현정(2011), 「무용전공 대학생의 신체정렬분석」, 『한국예술연구』, 한국예술연구소.

나경아·박현정·김리나(2011), 「무용전공 대학생의 신체이미지와 체구성 간의 관계분석」, 『무용과학회』 6월, 한국무용과학회.

나경아·이진효·임준희,(2011), 「한국예술종합학교 무용원 학생들의 '연습·리허설·공연 시'의 불안에 관한 연구」, 한국예술종합학교 무용원 이론과 논문집, 한국예술종합학교.

나경아·정윤경(2014), 「무용수 웰니스를 위한 무용전공 대학생의 심리적 특성 분석」, 『한 국예술연구』 제10호, 한국예술연구소.

보건복지부(2013), 『2010 한국인 영양 섭취기준』, 보건복지부.

손성일(2000), 「무용전공자들의 전공별, 경력별 성격 특성에 관한 연구」, 국민대학교 석사 학위논문.

손은정(2013), 「여대생의 폭식행동에 대한 다차원적 모형의 검증」, 『한국심리학회지』 18권 1호, 한국심리학회, 109~128쪽.

송은주·김정자(2004), 「무용수의 바디이미지에 대한 태도가 무용수행 및 섭식장애에 미치 는 영향」, 『한국체육학회지』 43(5), 한국체육학회.

안소연(1994), 「폭식 행동 집단의 신체 불만족과 자아존중감 및 우울간의 관계」, 연세대학 교 석사학위논문.

안소연·오경자(1995), 「폭식행동집단의 신체 불만족과 자아존중감 및 우울간의 관계」, 『한 국심리학회지 : 임상』 14(1), 한국심리학회, 29~40쪽.

안은숙(2003), 「여대생의 신체상 지각과 스트레스 반응과의 관계 연구」, 서울대학교 대학원 석사학위논문.

오경자·안소연(1995), 「폭식행동 집단의 신체불만족과 자아존중감 및 우울간의 관계」, 『한 국심리학회지 : 임상』 14(1), 한국심리학회.

유현미(2009), 「무용탈진의 구인 탐색 및 측정도구 개발」, 이화여자대학교 대학원 석사학위 논문.

윤화영(2003), 「여대생의 폭식행동, 우울 및 귀인양식간의 관계」, 가톨릭대학교 석사학위 논문.

이경태(1995), 『무용의학』, 금광.

이양출·박인실(2007), 「현대무용 전공자의 신체이미지에 관한 문화기술 연구」, 『한국여성 체육학회지』 21(3), 한국여성체육학회, 75~86쪽.

이현욱·허영일(2002), 「전공유형별 무용상해 실태분석」, 『한국무용과학회』.

임미영(2008), 「무용전공 학생들의 체중조절로 인한 섭식행동 연구」, 중앙대학교 교육대학 원 석사학위논문.

장남섭·김영식·박영우·정순희·이한기(1992), 『인체생리학』, 수문사.

장수연(2001), 「대학 여자 무용전공자의 식사습관과 체중과의 관계에 대한 연구」, 숙명여자 대학교 대학원 석사학위논문.

전미라(2003), 「무용전공대학생의 성격요인과 자기관리 및 무용행복감의 관계」, 『한국체육학회지』 52권 6호, 한국체육학회.

정인지(2009), 「음악전공생의 완벽주의적 사고 및 무대불안 감소를 위한 즉흥연주의 효과」, 이화여자대학교 교육대학원 석사학위논문.

정희담(2008), 「무용전공 여자 대학생의 신체상 지각과 체질량지수와의 관계」, 세종대학교 미간행 석사학위논문.

조상현 역(1999), 『움직임 해부학』, 영문출판사.

조혜연 외(2007), 「섭식제한, 탈억제, 스트레스가 폭식에 미치는 영향」, 『한국심리학회 학술발표논문집』 단일호, 한국심리학회, 544~545쪽.

차광석(1999), 『무용과학 : 생리학적 접근방법』, 21세기 교육사.

표내숙·김정숙·표종현(2002), 「무용수의 공연불안감 측정도구 개발」, 『체육과학연구소 논문집』 18, 부산대학교 체육과학연구소.

하혜석(2008), 「무용전공자의 성격특성에 따른 정서 및 신체의식의 차이」, 상명대학교 박사학위논문.

한임숙(2013), 「무용전공 대학생의 성격특성과 자신감 및 무용성취감의 관계」, 『한국무용과학회지』 30권 3호, 한국무용과학회.

황미경(2001), 「무용전공 여대생의 신체이미지 분석」, 서울대학교 미간행 석사학위논문.

Arnheim, D.(1980), Dance Injuries : Their prevention and care. St. Louis : Mosby.

Allport, G. W.(1964), Pattern and growth in personality, NY : Holt, Rinehart and Winston.

Barham, J. & Wooten, E.(1973), Structural kinesiology. New York : Macmillan Publishing Co.

Bray, G. A. & Bouchard, C.(2008), Handbook of Obesity : Etiology and Pathophysiology(3rd ED.), NY, USA : Marcel Dekker.

Brown, M.(1973), The new body psychotherapies, Psychotherapy : Theory, research and practice, 10, pp.98~116.

Buckworth, J. & Dishman, R.K.(2002), Exercise Psychology, Human kinetics.

Calabrese, L. H., Kirkendall, D.T., Floyd, M., Rappoport, S., Williams, G. W., Weiker, G. G., & Bergfeld, J. A(1983), Menstrual abnormalities, nutritional pattern and body composition in female classical ballet dancers. The Physician and Sportsmedicine, 11, pp.86~98.

Cash, T. F. & Pruzinsky, T(1990), Body Image : Development, Deviance, and Change, The Guilford Press.

Clarkson, P. M. & Skrinar, M(1988), Science of Dance Training, Human Kinetics.

Cohen, B(1993), Sensing, feeling, and action : The experiential anatomy of body-mind centering, Northampton, MA : Contact Edition.

Cox, R. H.(1990), Sport psychology: Concepts and applications(2nd ed.), Dubuque, IA : Wm C. Brown.

Crouch, J. E.(1978), Functional human anatomy. Philadelphia : Lea and Febiger.

Csikszentmihalyi M.(1990), Flow : The Psychology og Optimal Performance, New York : Cambridge Univ Press.

Dasch, C. S.(1978), Relation of dance skills to body cathexis and locus of control orientation, Perceptual and Motor Skills, 46, pp.465~466.

Diamond, J.(1979), Behavioral Kinesiology. New York : Harper & Row.

Donnelly, J. E.(1982), Living anatomy. IL : Human Kinetics.

Eliakim, A., Ish-Shalom, S., Giladi, A., Falk, B., & Constantini, N.(2000), Assessment of body composition in ballett dancers : correlation among anthro-pometric measurements, bio-electrical impedance analysis, and dual-energy X-ray absorptiometry, International Journal of Sports Medicine, 21(8), pp.598~601.

Feltz, D. L. & Landers, D. M.(1983), The effects of mental practice on motor skill learning and performance : A meta analysis, journal of sport Psychology, 5, pp.25~57.

Fitt, S. S. Dance kinesiology(1988), New Tork : Schimer Books.

Fitts, P. M.(1964), Perceptual-motor skill learning, In A. W. Melton(Ed.), Categories of human learning, New York : Academic Press, pp.243~285.

Flanagan, O.(1991), The science of mind, Cambridge, MA : MIT Press.

Franklin, E.(1996), Dance Imagery for Technique and Performance, Champaign, IL : Human Kinetics.

Garrick, J. G.(1993), Requa, R. K. Ballet injuries : An analysis of epidemiology and financial outcome, The American journal of sports medicine, 21.

Georgina Lewis.(2012), Preventing Burnout : Rest, Relaxation, and Reduced Stress, Digital Commons@Loyala Marymount University and Loyola Law School, Dance History, December.

Gergen, K.(1971), The concept of elf, New York : Hilt, Rinehart & Winston.

Gibson, E.(1993), Ontogenesis of the Perceived Self, The Perceived Self(ed). Neisseer, U., Cambridge : Cambridge Univ, Press, pp.102~111.

Gibson, J. J.(1966), The Senses Considered as Perceptual Systems, Boston : Houghton Mifflin.

Gibson, J. J.(1979), The Ecological Approach to Visual Perception, Boston : Houghton Mifflin.

Gray, J. A.(1989), Dance instruction : Science applied to the art of movement, Champaign, IL : Human Kinetics.

Guilford, J. P.(1959), Personality, NY : McGraw–Hill.

Gurley, V., Neuringer, A., & Massee, J.(1984), Dance and sports compared : Effects on psychological well–being, Journal of Sports Medicine, 24, pp.58~68.

Hamilton LH et al,(1989), Personality, stress, and injuries in professional ballet dancers, Am J Sports Med 17(2), pp.263~267.

Hamilton, L.(1997), The dancers health survey part Ⅱ : From injury to peak performance, Dance Magazine, 71(2), pp.60~65.

Hanna, J. L.(1999), Partnering dance and education, Champaign, IL : Human Kinetics.

Hatch, F. W.(1974), The dancer as a control system : Psychological Perspectives on Dance. New York : Congress on Research in Dance.

Helm, J. K.(1987), Body–image perception and self–esteem in eating disodered females : Further validation the silhouette Body Image test, Master's thesis submitted to Lakehead University, Thunder Bay Ontario.

Jacobs, L.(1989), Dialogue in Gestalt theory and therapy, The Gestalt Journal, 12(1), pp.25~67.

Janssen, I., Heymsfield, S. B., & Ross, R.(2002), Application of simple anthropometry in the assessment of health risk : implications for the Canadian Physical Activity, Fitness and Lifestyle Appraisal, Canadian Journal of Applied Physiology, 27(4), pp.396–414.

Joseph, S. H.(2002), 『Dancer's Body; A Medical Perspective Dance and Dance Training』, Dance Books Ltd.

Kabat–Zinn J. Full Castrophe.(2005), Living : Using the wisdom of your Body and Mind to Face Stress, Pain and Illness. New York : Delta Trade Paperback / BantamDell.

Kuyken W. & Crane R. Daleish T.(2012), Does mindfulness based cognitive therapy prevent relapse of depressing, BMJ.

Lamb, D.(1978). The physiology of Exercise : Responses and adaptations, New York : Macmillan Publoshing Co.

Lardon M.(2008), Finding your Zone : Ten Core Lessons for Achieving Peak Performance in Sport and Life. Penguin Books New York.

Laws, K.(1984), The physics of dance, New York : Schirmer Book.

Lawson, J.(1984), Teaching young dancer–Muscular coordination in classical ballet. A & C Black.

Lazarus, A. A.(1996), The utility and futility of combining treatments in psycho-theraphy. Clinical Psychology : Science and Practice, 3(1), pp.59~68.

Lennon, S. J.(1997), Physical attractiveness, age and body type : further evidence, Text Research Journal, 15(1), pp.60~64.

Leste, A., & Rust, J.(1984), Effects of dance on anxiety, Perceptual and Motor Skills, 58, pp.767~772.

Liederbach M. Sclanfein L. Kremenic IJ.(2013), What is known about the effect of fatigue on injury occurrence among dancers? J Dance Med Sci, 17(3), pp.101~105.

Lin P.(2008), Silent illumination a study on Chan (Zen) meditation, anxiety and musical performance quality, Psychl, Music, 36(2) : pp.139~155.

Lowenkaupf, E. L. & Vincent, L. M.(1982), The student ballet dancer and anorexia. Hillside Jouranl of Clinical Psychiatry, 4, pp.53~64.

Marchant SE and Wilson GD.(1992), Personality and stress in performing artists, Personality and Individual Differences 13(10), pp.1061~1068.

Martens, R., Landers, D.M.(1970), Motor performance under stress : A test of the inverted-U hypothesis, Journal of Personality and Social Psychology, 16, pp.29~37.

McCarthy, M.(1989), The thin ideal, depression and eating disorders in women, Behavior Research, 28(3), pp.205~215.

Mihajlović, B., & Mijatov, S(2003), Body composition analysis in ballet dancers. Medicinski Pregled, 56(11), pp.579~583.

Moses, N., Banilivy, M-Max, and F. Lifeshiz.(1989), Fear of obesity among adolescent girls, Pediatrics, 83(3), pp.393~397.

Myers, Briggs.(1999), 김정택 외 옮김, 『MBTI』, 보경문화사.

Neisser, U.(1988), Five Kinds of Self-Knowledge, Philosophical Psychology1, pp.35~59.

Nilsson C, Leanderson J, Wykman A and Strender LE(2001), The injury panorama in a Swedish professional ballet company, Knee Surg Sports Traumatol Arthrosc 9(4), pp.242~246.

Nordin SM. Cummings J.(2006), The development of imagery in dance part Ⅱ ; quan-titative findings from a mixed sample of dancers, Journal of Dance Medicine & Science, pp.28~34.

Perls, L. W.(1974), The dancer as a control system : Psychological Perspectives on Dance, New York : Congress on Research in Dance.

Peterson, J. R.(2011), Dance Medicine Head to Toe, Prinston book co.

Polster, E. & Polster, M.(1973), Gestalt therapy integrated : Contours of theory and practice, New York : Brunner / Mazel.

Priddle, R. E. A.(1978), comparison between the perception of space images and the creation of spatial images in movement, In R. E. Priddle(Ed.), Psychological perspectives on dance, Dance research annual(Vol. 11), New York : Congress on Research in Dance.

Quested E, Duda JL.(2011), Antecedents of burnout among elite dancers : A longitudinal test of basic needs theory, Psychology of Sport and Exercise 12(2), pp.159~167.

Rafferty, S.(2010), Considerations for integrating fitness into dance training, Journal of Dance Medicine and Science, 14(2). pp.45~49.

Raskin, R. & Hall, C. S.(1981), A narcissistic personality Inventory : Alternate form reliability and further evidence of construct validity, Journal of Personality Assessment, 45, pp.159~162.

Ravaldi et al.(2003), Eating disorders and body image disturbances among ballet dancers, gymnasium users and body builders, Psychopathology 36(5), pp.247~254.

Roberts KJ, Nelson NG and McKenzie L.(2013), Dance-related injuries in children and adolescents treated in US emergency departments in 1991-2007, J Phys Act Health 10(2), pp.143~150.

Robson BE.(2010), Psychological issues in the clinical approach to dancers, In : SataloffRT, BrandfonbrenerAG, LedermanRJ(eds) : PerformingArtsMedicine, Narberth, PA : Science & Medicine, pp.381~391.

Robson BE.(2016), Mental skills training for maximizing performance, 춤공연심리학과 정신훈련, 한예종 무용원 이론과 국제학술대회 자료집.

Rolland, J.(1984), Inside motion : An ideokinetic basis for movement education, Northampton, MA : Contact Editions.

Russell, J. A. & Wang, T. J.(2012), Injury occurrence in university Dancers and their access to healthcare, Journal of Dance Medicine & Science, 4, pp.199~210.

Russell, J. A.(2013), Physicality, Injuries, Healthcare in Dancers, 무용수 건강을 위한 과학, 한예종 무용원 이론과 국제학술대회 자료집.

Russell, J. A.(2013), Preventing dance injuries : current perspectives, Journal of Dance Medicine & Science, 16(4), pp.101~108.

Ruth, C. R., & Jane, K. P.(1995), Restrained eating and attribution college-age weight cyclers, Journal of the American Dietetic Association, 915(4), pp.491~492.

Schilder, P.(1950), The image and appearance of the human body, NY : International Universities Press.

Schnitt, D.(1990), Psychological issues in dancers-An overview. Journal of Physical Education, Recreation, and Dance, pp.32~34.

Schnitt, J. M., & Schnitt, D.(1986), Eating disorders in dancers. Medical Problems of Performing Artists, 1(2), pp.39~44.

Schnitt, J. M., & Schnitt, D.(1987), Psychological issues in a dancer's career, In A. J. Ryan(Ed.), Dance medicine, Chicago : Precept Press.

Smith, M. C., & Thelen, M. H.(1984), Development and alidation of a test for bulimia nervosa, Journal of Consulting and Clinical Psychology, 52, pp.863~872.

Smith, R. E., Ptacek, J. T. & Patterson, E.(2000), Moderator effects of cognitive and somatic trait anxiety on the relation between life stress and physical injuries, Anxiety stress and coping, Vol.13.

Spielberger, C. D.(1966), Theory and research on anxiety, In C.D. Spielberger(ed). Anxiety and behavior, NY : Academic press.

_____(1972)(ed), Anxiety, Current trends in theory and research(vol.1), NY : Academic press.

Stokić, E., Srdić, B., & Barak, O.(2005), Body mass index, body fat mass and the occurrence of amenorrhea in ballet dancers, Gynecological Endocrinology : the official journal of the International Society of Gynecological Endocrinology, 20(4), pp.195–199.

Tajet-Foxell, B. & Rose, F. D.(1995), Pain & pain tolerance in professional ballet dancers, Br J Sports Med, pp.150~158.

Taylor J and Taylor C.(1995), Psychology of dance, Champaign, IL : Human Kinetics.

Thomas D. Fahey, Paul M. Insel, Walton T. Roth.(2013), Fit & Well, McGrow Hill co., 10th ed.

Thomason, J. A.(1983), Multidimensional assesment of locus of control and obesity, Psychological Reports, 53m, pp.1083~1086.

Thompson, C. W. & Floyd, R. T.(1994), Manual of structural kinesiology, St. Louis : Mosby.

Thomson, J. K., & Heinberd, L. J.(1999), The media's influence on body image disturbance and eating disorders : we've reviled them, now can we rehabilitate them?. Journal of Social Issues, 55(2), pp.339~353.

Walker I. J. & Nordin-Bates SM.(2010), Performance anxiety experience of professional dancers, The importance of control. Journal of Dance Medicine & Science, 14(4), pp.133~145.

Warren, G. W.(1990), Classical ballet technique, Florida.

Watkins, A. & Clarkson P. M.(1990), Dancing longer Dancing Stronger, Princeton book co.

Weinberg, R. S. & Could, D.(1995), Foundations of sports and exercise psychology, Champaign, IL : Human Kinetics.

Weiner, B., Heckhausen, H., Meyer, U. U. & Cook, R.E.(1972), Causal ascriptions and achievement motivation : A conceptual analysis of effort and reanalysis of locus of control, Journal of personality and Social psychology, 21, pp.239~248.

Weiss, D. S., Shah, S., & Burchette, R. J.(2008), A profile of the demographics and training characteristics of professional modern dancers, Journal of Dance Medicine and Science, 12(2), pp.41~46.

White A. Hardy L.(1998), An in-depth analysis of the uses of imagery by high level slalom canoeists and artistic gymnasts, Sport Psychol, 12, pp.387~403.

WHO Expert consultation.(2004), Appropriate body-mass index for Asian populations and its implications for policy and intervention strategies, Lancet, 10;363(9403), pp.157~163.

Winnicott, D. W.(1967), The location of cultural experience, International Journal of Psychoanalysis, 48, pp.368~372.

Yago Ramis·Carme Viladrich · Catarina Sousa·Caroline Jannes.(2015), Exploring the factorial structure of the Sport Anxiety Scale-2 : Invariance across language, gender, age and type of sport. Psicothema, 27, pp.174~181.

Yannakoulia, M., Keramopoulos, A., Tsakalakos, N. & Matalas, A. L.(2000), Body composition in dancers : the bioelectrical impedance method, Medicine Science of Sports Exercise, 32(1), pp.228~234.

Yerkes, R. M. & Dodson, J. D.(1908), The relation of strength of stimulus to rapidity of habit formation. Journal of Comparative neurology and Psychology, 18, pp.459~482.

Yu-huei Su·Jer-Junn Luh·H-I Chen·Choa-Chen Lin·Miin-Jiun Liao.(2010), Effect of Using Relaxation Breathing to Reduce Music Performance Anxiety in 3rd and 6th graders, Med Probl Perform Art : 25(2), pp.82~86.

나경아

이화여자대학교 체육학 석사
홍익대학교 미학 석사
이화여자대학교 체육학 박사
현재 한국예술종합학교 무용원 이론과 교수

사진: **KUMA**COMPANY 이강철
모델: 김도연, 김태우

무용과 건강

2016년 8월 17일 초판 1쇄 펴냄

지은이 나경아
펴낸이 김흥국
펴낸곳 도서출판 보고사

책임편집 이순민
표지디자인 손정자

등록 1990년 12월 13일 제6-0429호
주소 경기도 파주시 회동길 337-15 보고사 2층
전화 031-955-9797(대표), 02-922-5120~1(편집), 02-922-2246(영업)
팩스 02-922-6990
메일 kanapub3@naver.com / bogosabooks@naver.com
http://www.bogosabooks.co.kr

ISBN 979-11-5516-580-5 93680
ⓒ 나경아, 2016

정가 12,000원